ALEXANDRA HIRSCHFELDER · SABINE OFFENBORN

LECKER OHNE ...
ZUCKER

Gesund süß genießen

humboldt

VORWORT

Liebe Leserinnen und Leser,

schauen wir auf unsere Ernährungsgewohnheiten, fällt auf, dass wir immer häufiger zu gesüßten Getränken und Lebensmitteln greifen. Von Geburt an durch den süßen Geschmack der Muttermilch geprägt, trinken wir lieber süße Getränke als schlichtes Wasser. Die Lebensmittelindustrie stellt sich auf unsere Vorlieben ein und süßt kräftig nach, dabei bleibt der natürliche Geschmack von Obst und anderen Lebensmitteln auf der Strecke. Das merken wir dann, wenn wir statt eines industriell hergestellten Fruchtjoghurts zur Abwechslung einen ungesüßten Joghurt mit frischem Obst probieren, der ist uns nämlich beim ersten Geschmackstest oft zu sauer. Denn unsere Geschmacksnerven gewöhnen sich mit der Zeit an den übertriebenen Süßgeschmack der Fertigprodukte und können deshalb die natürliche Fruchtsüße nicht mehr wahrnehmen. Aber nicht nur in Joghurt, Limonaden oder Kuchen finden wir Zucker, sondern auch in Lebensmitteln und Speisen, die eigentlich nicht süß schmecken. Aus technologischen Gründen oder zur Geschmacksverfeinerung enthalten beispielsweise Brot, Wurst, Ketchup, Fertigsuppen oder Fertigpizza beträchtliche Mengen an Zucker. Allerdings muss man manchmal etwas genauer auf die Zutatenliste schauen, um dies zu erkennen, denn nicht immer heißt der Zucker auch Zucker. Es gibt verschiedene Bezeichnungen für Süßungsmittel, hinter denen sich aber lediglich andere Arten von Zucker verstecken.

Das süße Leben bleibt für unsere Gesundheit nicht ohne Folgen. Der Zuckerverbrauch steigt, und die ernährungsbedingten Erkrankungen durch hohen Zuckerkonsum nehmen zu. Immer

mehr Menschen haben Übergewicht, Diabetes mellitus oder eine Fettleber. Nicht nur bei Erwachsenen, sondern auch bei Kindern und Jugendlichen steigt die Zahl der Erkrankungen. – Wer schon mit gesüßten Tees und süßem Brei groß wird, mag eben auch später gerne Süßes. Ernährungsgesellschaften geben Empfehlungen für einen bewussteren Umgang mit Zucker heraus, Ernährungsfachkräfte erklären Kindern und Erwachsenen, wie eine gesunde Ernährung aussieht. Eine Vorgabe für die Industrie, die regelt, wie viel Zucker den Getränken und Speisen zugefügt werden darf, gibt es nicht.

Dies ist kein Anti-Zucker-Buch, uns geht es vielmehr um einen bewussten Umgang mit Zucker. In der Konfitüre dient der Zucker auch als Konservierungsstoff, im Kuchen verbessert er die Backeigenschaften, Süßigkeiten und Getränken verleiht er Geschmack. Ganz ohne Zucker kann und muss es also nicht gehen. Aber wir nehmen den Zucker unter die Lupe: Was geschieht in unserem Körper, wenn wir Zucker essen? Wann macht Zucker krank? Wie viel Zucker ist zu viel? Wir beschäftigen uns außerdem mit der Frage, ob Süßstoffe oder Zuckeraustauschstoffe bessere Alternativen sind. Und wir zeigen Ihnen, dass es auch lecker ohne … Zucker geht!

Ihre
Alexandra Hirschfelder und Sabine Offenborn

WISSENSWERTES ÜBER ZUCKER

Zucker ist süß und verführerisch – und auch gefährlich? Welche Folgen hat unser enormer Zuckerkonsum? Und was ist Zucker überhaupt? Schokolade, Kuchen oder Eis – ohne Zucker bliebe uns mancher Genuss versagt. War Zucker früher ein Luxuslebensmittel, konsumiert jeder Deutsche heute im Jahr beinahe 40 Kilo des Süßmachers. Doch eine medizinische Weisheit lautet: Die Dosis macht das Gift. Das gilt auch für Zucker. In Maßen schadet er nicht, in Mengen macht er krank. Mehr dazu erfahren Sie im folgenden Kapitel.

Was ist Zucker?

Einfachzucker, Doppelzucker, Mehrfachzucker

!

Traubenzucker (Glukose) ist der wichtigste Baustein der Kohlenhydrate.

Im allgemeinen Sprachgebrauch verstehen wir unter Zucker den süßen Haushaltszucker bzw. Kristallzucker. Dies ist jedoch nur eine Zuckerform. Zucker ist ein Kohlenhydrat und chemisch gesehen eine Verbindung aus Kohlenstoff, Sauerstoff und Wasser. Es gibt verschiedene Kohlenhydrate, die sich vor allem in der Anzahl ihrer Zuckerbausteine unterscheiden.

Einfachzucker sind – wie der Name schon sagt – die einfachste Zuckerform, sie bestehen aus einem einzigen Zuckermolekül. Zu den Einfachzuckern gehören Traubenzucker (Glukose), Fruchtzucker (Fruktose) sowie Schleimzucker (Galaktose). Mehrere Einfachzuckermoleküle können zusammen Zwei- und Mehrfachzucker bilden. Einfachzucker finden wir vor allem in allen Obstsorten und Honig. Wir nehmen ihn sehr schnell auf, und kaum im Magen, geht die Reise weiter in den Darm, von dort durch die Darmwand ins Blut und unter Mithilfe von Insulin bis in die Muskel- und Leberzellen. Hier ist Endstation, denn nun wird der Zucker verbrannt.

Zwei Einfachzuckermoleküle können sich zu einem neuen Zucker verbinden, dann entsteht der **Doppelzucker.** Dies ist der Rohr- und Rübenzucker, den wir als Haushaltszucker verwenden, bekannt ist auch der Milchzucker und der Malzzucker, der in der Zuckerrübe und im Honig steckt. Dieser Doppelzucker muss durch Enzyme in unserem Darm gespalten werden. Erst dann hat er die richtige Größe, um ins Blut transportiert werden zu können. Es dauert also einen kleinen Moment länger, bis wir aus diesem Zucker Energie gewinnen können.

Mehrfachzucker bestehen aus langen Ketten vieler Einzelzuckerbausteine. Sie werden auch komplexe Kohlenhydrate genannt. Der häufigste Mehrfachzucker ist Stärke, die aus Kartoffeln oder Getreide gewonnen wird. Unser Mehl zum Backen besteht zum größten Teil aus Stärke. Die langen Ketten der Stärke müssen im Darm erst Stück für Stück in kleine Einzelbausteine zerlegt werden. Dann können auch sie den Weg ins Blut antreten, aber das dauert im Vergleich zum Einfach- und Zweifachzucker natürlich länger.

Mehl enthält hauptsächlich Stärke und damit Mehrfachzucker.

Ballaststoffe

Auch Ballaststoffe bestehen aus vielen Einzelzuckerbausteinen, sie sind jedoch anders zusammengesetzt und daher für unseren Körper unverdaulich. Man unterscheidet zwischen löslichen und unlöslichen Ballaststoffen. Die erste Gruppe, zu der unter anderem die Pektine (Geliermittel) gehören, finden wir besonders reichlich in Obst und Gemüse. Unlösliche Ballaststoffe wie Zellulose (Zellwände) und Lignin sind dagegen reichhaltig in den Randschichten von Getreide enthalten, also in Vollkornprodukten. Tierische Produkte enthalten keine Ballaststoffe.

Wir können Ballaststoffe nicht in ihre Einzelbausteine zerlegen, denn hierfür fehlt uns das richtige Enzym im Darm. Somit wandern sie durch unseren Verdauungstrakt, ohne Energie zu liefern. Für unsere Gesundheit sind sie trotzdem von großem Nutzen, denn durch ihre Eigenschaft, Wasser zu binden, quellen sie in Magen und Darm stark auf. So können wir besser wahrnehmen, ob wir satt sind, da durch die Dehnung des Magens die Rezeptoren an der Magenwand aktiviert werden. Sie melden dem Gehirn, dass der Magen bald gefüllt ist und die Nahrungszufuhr vorerst eingestellt werden kann. Im Darm erhöhen Ballaststoffe das Stuhlvolumen und regen die Darmtätigkeit an, wodurch die Nahrungsreste schneller ausgeschieden werden. Zudem werden Giftstoffe oder Cholesterin in unserem Darm von den wasserlöslichen Ballaststoffen aufgenommen und so aus unserm Körper geschleust. Je ballaststoffreicher unsere Ernährung ist, umso besser für unsere Darmgesundheit.

Wir brauchen Zucker!

Der Körper braucht rund um die Uhr Energie, um alle Funktionen aufrechtzuerhalten. Diese Energie kommt aus den Hauptnährstoffen in unserer Nahrung: Kohlenhydrate – also Zucker –, Fett und Eiweiß. Wie viel Energie die Nährstoffe liefern, lässt sich messen und in Kilokalorien (meist Kalorien genannt) ausdrücken: 1 Gramm Kohlenhydrate bringt uns 4 Kalorien, 1 Gramm Eiweiß entspricht ebenfalls 4 Kalorien, 1 Gramm Fett 9,3 Kalorien und 1 Gramm Alkohol 7 Kalorien.

Fett ist unter anderem wichtig für die Aufnahme von Vitaminen durch den Körper und versorgt uns mit lebensnotwendigen Fettsäuren. Eiweiß versorgt uns unter anderem mit Aminosäuren, das sind Baustoffe für Zellen und Gewebe, also für Muskeln und Organe. Die Energie aus Kohlenhydraten wird vor allem für die Muskulatur und das Gehirn gebraucht.

Zucker für die Konzentration

Zucker, und zwar insbesondere Traubenzucker (Glukose), ist der wichtigste Energielieferant für unser Gehirn. Damit unsere grauen Zellen gut funktionieren, sind schätzungsweise mindestens 130 Gramm Traubenzucker am Tag nötig. Bei Stress arbeitet unser Gehirn auf Hochtouren, da kann der Bedarf nochmals um 10 Prozent steigen. Deshalb bezeichnen wir Lebensmittel, die süß sind und viel Zucker enthalten, auch als Nervenfutter.

!

Zucker ist der wichtigste Energielieferant für unser Gehirn!

Große Speichermöglichkeiten für Zucker hat unser Gehirn leider nicht, deshalb ist es auf einen regelmäßigen Nachschub angewiesen. Das Gehirn verfügt dafür sogar über ein System, das es ihm ermöglicht, vorrangig vor anderen Organen mit Glukose bedient zu werden.

Speicher in Muskeln und Leber

Zucker, der nicht sofort als Energielieferant zum Einsatz kommt, wird vom Körper gespeichert. In der Leber und in den Muskeln wird Glykogen gebildet, das bei Bedarf sehr schnell wieder zu Zucker umgebaut werden kann. Denn Energie für unser Gehirn und für körperliche Leistungen brauchen wir ständig, auch wenn wir über einen längeren Zeitraum keine Kohlenhydrate zu uns nehmen. Das passiert fast täglich, zum Beispiel, weil wir eine Mahlzeit auslassen oder weil wir in der Nacht schlafen und nichts essen. Dann zapfen wir diese sofort verfügbaren Glykogenspeicher in der Muskulatur und der Leber an. Dauert die Nahrungskarenz länger als einen Tag, beginnt unser Körper, andere Reserven zu aktivieren, denn der Glykokenspeicher ist begrenzt. Im sogenannten Hungerstoffwechsel greift er auf Fette und Eiweiße zurück. Die müssen aber erst aufwendig umgebaut werden, damit das Gehirn mit dieser Energie überhaupt etwas anfangen kann.

So wirkt Zucker im Körper

Glukose ist nicht nur der wichtigste Energielieferant für unser Gehirn, sondern auch für alle körperlichen Aktivitäten. Glukose ist sozusagen die Essenz von Energie. Wenn Sie daher beim Marathon oder in einer Klausur plötzlich schwächeln und als Soforthilfe ein Stück Traubenzucker essen, machen Sie alles richtig: Schneller kann Energie nicht im Blut ankommen.

Allerdings gewinnt unser Körper Energie nicht nur aus Traubenzucker, sondern auch aus den anderen Kohlenhydraten. Das dauert zwar ein wenig länger, es bedeutet jedoch: Im normalen Alltag braucht unser Körper keine Süßigkeiten. Diese bringen nichts als leere Energie – nur Kalorien, keinerlei Nährstoffe. Wenn Sie in einen Apfel beißen, nehmen Sie auch Zucker zu sich, denn er enthält wie das meiste Obst nicht nur Fruktose, sondern auch Glukose und Saccharose. Gratis dazu bekommen Sie aber noch ein paar Nährstoffe dazu und vor allem Ballaststoffe, die Sie satt machen und Sie davor bewahren, sich zu überessen.

Anders als Eiweiß, Fette und komplexe Kohlenhydrate aus Vollkornprodukten oder Gemüse, lässt Glukose den Blutzuckerspiegel rasant nach oben schießen, weil sie direkt ins Blut geht. Der viele Zucker sorgt dafür, dass die Bauchspeicheldrüse schlagartig das Hormon Insulin ausschüttet, das die Zuckermoleküle aus dem Blut in die Zellen einschleust. Wird zu viel Insulin ausgeschüttet und ist es sehr fleißig, bleibt am Ende zu wenig Zucker im Blut. Die Konsequenz dieser Unterzuckerung: Konzentration und Leistungsfähigkeit lassen nach, man ist gereizt und bekommt enormen Appetit – vor allem auf Süßigkeiten. Zucker macht also Lust auf noch mehr Zucker. Passiert das einmal, ist das kein Problem, aber wenn dieser Prozess sich häufig wiederholt oder gar zur Gewohnheit wird, sind die Folgen fatal: Wir nehmen zu, was wiederum das Risiko, krank zu werden, deutlich erhöht.

!

Was passiert, wenn mehr Kalorien zur Verfügung stehen, als man braucht, ist allgemein bekannt: Das Zuviel wird zu Fett umgebaut.

Wie entsteht Übergewicht?

Wie kommt es durch Zucker zum Übergewicht? Die Glykogenspeicher in der Leber und der Muskulatur sind begrenzt, also braucht unser Körper noch eine andere Möglichkeit, Energie zu speichern. Dafür wird der Zucker in der Leber zu Fetten umgebaut, die dann unter anderem in die Fettzellen transportiert werden. Mit diesen Fettdepots an Bauch, Hüfte und Po verfügt der Körper praktisch über unbegrenzte Speichermöglichkeiten. An jedem Tag, an dem wir mehr Kalorien aufnehmen, als wir verbrennen, werden Fettpölsterchen angelegt, die zu ordentlichen Polstern heranwachsen können.

Wenn Sie viele zuckerhaltige Getränke wie Limonaden, Säfte, gesüßte Tees und Smoothies trinken, nehmen Sie damit auch eine hohe Menge an Kalorien auf. In diesen Getränken befinden sich viele Einfach- und Zweifachzucker, aber so gut wie keine Ballaststoffe. Das bedeutet, sie machen schnell zufrieden, aber nicht für lange Zeit. Bewegen Sie sich gleichzeitig auch noch wenig, ist die Bilanz am Ende mit hoher Wahrscheinlichkeit schlecht: Sie nehmen mehr Energie auf, als Sie verbrennen, der Überschuss landet in den Fettdepots.

Nicht nur süße Getränke, auch der übermäßige Verzehr von Süßigkeiten, süßem Gebäck und Süßspeisen macht dick. Wenn Sie nach einem reichhaltigen Buffet im Restaurant eigentlich schon satt sind, aber einfach nicht an den Desserts vorbeikommen und doch noch eine Crème Caramel verdrücken, haben Sie genau die Portion zu viel im Bauch. Ihr Körper verbrennt gerade noch die Nährstoffe aus der Mahlzeit und braucht das Dessert eigentlich nicht. Also wird die Creme umgebaut zu Fett und ab in die Fettdepots.

So kann ein solches Ess- und Bewegungsverhalten langfristig zu Übergewicht führen, was leider immer häufiger auch schon bei Kindern der Fall ist. Denn Lebensmittel, die insbesondere für Kinder angeboten werden, sind oft extra süß, und viele Kinder bewegen sich einfach nicht genug, um diese Energie zu verbrennen.

Entscheidend sind also die Kalorien, die wir zu uns nehmen, und die körperliche Aktivität, mit der wir sie verbrennen. Ihre Ernährung sollte ausgewogen und nicht zu kalorienreich sein, essen Sie weniger Zucker und mehr ballaststoffreiche Lebensmittel. Dazu achten Sie auf genügend Bewegung: Jeder Schritt zählt.

> **!**
>
> Möchten Sie Übergewicht vorbeugen oder reduzieren? Dann stellen Sie Ihre Ernährung um und bewegen Sie sich mehr.

Mögliche Folgen von zu hohem Zuckerkonsum

Übergewicht ist nur eine Folge, wenn wir ständig zu viel Zucker zu uns nehmen. Es gibt auch einige Krankheiten, die mit zu hohem Zuckerkonsum in Verbindung stehen.

Fettleber   Nehmen wir in einer Mahlzeit zu viel schnell verwertbaren Zucker auf, steigt der Blutzucker schnell an. Sofort bemüht sich unser Körper, alle Abnehmer wie das Gehirn oder die Muskelzellen mit Zucker zu versorgen. Sind alle bedient, werden die Glykogenspeicher in der Muskulatur und Leber gefüllt. Ist dann immer noch ein Überschuss an Zucker im Blut, fängt die Leber an, den Zucker umzubauen und daraus Fette (Triglyceride) zu machen. Diese Fette werden ins Blut gegeben und in die Fettzellen und auch in der Leber eingelagert. Die Leber wächst zu einem Fettdepot heran und vergrößert sich. Eine Fettleber entsteht.

In der Ernährungsberatung fallen hier vor allem die Frauen auf, die sehr auf eine fettarme Ernährung achten, aber viel Obst und Smoothies verzehren. Die fettarmen und kohlenhydrathaltigen Speisen gelangen besonders schnell aus dem Magen in den Darm. Es kommt zu einer regelrechten Zuckerschwemme, der Fruchtzucker aus dem Obst kann ohne Insulin verstoffwechselt werden und landet sofort in der Leber. Wer also viel Obst, Fruchtsäfte oder Getränke mit Fruktosesirup auf seinem Speiseplan hat und sich dabei noch fettarm ernährt, hat ein hohes Risiko, eine Fettleber zu bekommen. Eine ballaststoffreiche Ernährung mit viel Gemüse, Vollkornprodukten und Hülsenfrüchten, aber wenig Zucker kann das Fett in der Leber wieder reduzieren.

Fruktosemalabsorption Wir nehmen heute insgesamt zu viel Fruchtzucker (Fruktose) zu uns. Das liegt vor allem daran, dass sich unsere Essgewohnheiten gewandelt haben. Wir essen zwischendurch etwas Obst, trinken mal ein Glas Fruchtsaft oder einen Smoothie, kaufen uns nachmittags ein Fruchtjoghurt oder ein Stück Kuchen beim Bäcker. Und überall ist reichlich Fruchtzucker enthalten, nicht nur im Obst und Obstsäften, sondern auch unser Haushaltszucker besteht aus einem Teil Glukose (Traubenzucker) und einem Teil Fruktose (Fruchtzucker).

Nehmen wir eine zu große Menge an Fruktose auf und gelangt diese schnell in den Dünndarm, kann es gesundheitliche Probleme geben. Wenn alles gut läuft, dann gibt es im Dünndarm ausreichend Transportproteine (GLUT-5), die den Fruchtzucker ins Blut transportieren. Das GLUT-5 schleust die Fruktose in die Zellen, dort wird sie verbrannt und bringt uns Energie. Dieses Transportsystem steht aber leider nicht uneingeschränkt zur Verfügung. Auf eine Überschwemmung mit zu vielen Zuckermolekülen ist es nicht eingestellt, dann gelangt nur ein Teil des Fruchtzuckers ins Blut. Wird die Fruktose jedoch nicht ins Blut aufgenommen, rutscht sie weiter durch unseren Verdauungstrakt und gelangt direkt in den Dickdarm. Dort machen sich die Darmbak-

!

Viele Getränke und Lebensmittel sind mit Zucker gesüßt, so nehmen wir mehr Fruchtzucker auf, als uns bewusst ist.

terien über sie her und bei der Umwandelung entstehen Gase und Säuren. Darauf reagiert der Körper eventuell mit Blähungen und Durchfall – die typischen Symptome für eine Fruktosemalabsorption. Wird das Transportsystem ständig zu sehr beansprucht, funktioniert es irgendwann auch bei normalen Fruktosemengen nicht mehr.

Obst ist zwar der ideale Snack für zwischendurch, leider kann aber genau das zum Problem werden. Denn besonders Säfte enthalten viel Fruchtzucker, sodass in kurzer Zeit viel Fruktose in den Darm gelangt und sofort weitergeleitet werden möchte. Deshalb sollte Obst besser mit eiweiß- und fetthaltigen Lebensmitteln kombiniert werden, um den Transport in den Darm zu verlangsamen.

Auch bei gesunden Menschen kann zu viel Fruktose unangenehme Beschwerden nach sich ziehen. Werden große Mengen Fruktose in kurzer Zeit aufgenommen – also mehr als ca. 50 Gramm in der Stunde –, kann es auch bei Menschen ohne Unverträglichkeit zu Störungen im Darm kommen. Diese Menge ist zum Beispiel in einem halben Liter Multivitaminsaft und einer Handvoll Trockenobst enthalten.

Diabetes Typ 2 Wer vorwiegend und in großen Mengen süße Getränke trinkt und helles Brot, Kuchen und Süßigkeiten isst, der muss damit rechnen, dass früher oder später seine Blutzuckerwerte aus dem Gleichgewicht geraten. Die großen Mengen an Zucker gelangen schnell ins Blut, der Blutzucker steigt rasant an und die Bauchspeicheldrüse wird aktiviert, viel Insulin auszuschütten. Auf Dauer kann das Folgen für unsere Gesundheit haben: Die Bauchspeicheldrüse ermüdet und produziert nicht mehr genug Insulin und die Rezeptoren für das Hormon reduzieren sich, weil sie das Überangebot an Zucker nicht gebrauchen können. Wenn ständig zu viel Insulin im Blut herumschwimmt, kann das dazu führen, dass die Zellen nicht mehr richtig darauf reagieren: Man spricht von Insulinresistenz. Es entsteht ein Diabetes mellitus Typ 2. Die gute Nachricht ist, dass eine Ernährung mit wenig Zucker, viel Ballaststoffen und regelmäßiger Bewegung nachweislich helfen kann, das Risiko für Diabetes zu senken oder einen bereits vorhandenen Diabetes in den Griff zu bekommen.

Metabolisches Syndrom   Der Mix aus zu viel Insulin und zu viel Blutzucker hat eine ganze Reihe weiterer Folgen: Hohe Blutzuckerwerte gehen oft mit Bluthochdruck, auffälligen Blutfettwerten und Übergewicht einher. Diese Kombination nennen die Mediziner „metabolisches Syndrom", es erhöht die Wahrscheinlichkeit, einen Diabetes zu entwickeln, einen Herzinfarkt oder einen Schlaganfall zu bekommen.

Weißmehlprodukte werden schneller zu Zucker verdaut. Bevorzugen Sie Vollkornprodukte, die mehr Nährstoffe enthalten und länger satt machen.

Mythen rund um den Zucker

Zucker ist kein Grundnahrungsmittel, was bedeutet, dass wir ihn nicht unbedingt für eine ausgewogene und gesunde Ernährung brauchen. Zwar braucht das Gehirn täglich eine stattliche Menge an Zucker, um zu überleben. Diese Menge kann unser Körper jedoch problemlos aus Lebensmitteln wie Brot, Nudeln oder Getreideprodukten selbst produzieren. Ein übermäßiger Verzehr von Zucker und zuckerreichen Lebensmitteln fördert die Entstehung von Übergewicht, Karies oder Diabetes. Manche Vorurteile um den Zucker halten sich jedoch zu Unrecht hartnäckig.

„Zucker ist ein Vitaminräuber"

Die Aussage, Zucker sei ein Vitaminräuber, bezieht sich auf das Vitamin B_1 (Thiamin). In der Tat wird für die Verstoffwechselung von Zucker eine gewisse Menge an Vitamin B_1 benötigt. Doch das ist auch bei vielen anderen Stoffwechselvorgängen der Fall. Vitamin B_1 dient aber jeweils als „Katalysator" und wird nicht verbraucht. – Falsch ist übrigens auch die Behauptung, ein hoher Zuckerkonsum entziehe unserem Körper Kalzium. Sie resultiert aus einer fehlinterpretierten Studie aus den Zwanzigerjahren.

„Zucker macht süchtig"

Wenn wir zuckerreiche Lebensmittel essen, wird das Belohnungssystem in unserem Gehirn angesprochen. Besonders freudig reagiert es übrigens auf eine Kombination aus Zucker und Fett, was unsere Vorliebe für Schokolade, Eiscreme und Kuchen erklären könnte. Zucker kann zwar ein suchtähnliches Verhalten auslösen, da unser Körper Belohnungen für sein seelisches Wohlbefinden braucht. Er hat aber kein echtes „Suchtpotential" mit der Gefahr der körperlichen Abhängigkeit im medizinischen Sinne.

„Zucker kann Allergien verursachen"
Bei einer Allergie reagiert unser Körper immer auf einen Eiweiß-
bestandteil im Lebensmittel, zum Beispiel in Milch, Ei, Weizen,
Nüssen oder verschiedenen Obst- und Gemüsesorten. Daher gibt es
keine Zuckerallergie im eigentlichen Sinne. Eine Fruktosemalabsorption, bei der große Mengen Fruchtzucker nicht vertragen werden,
ist eine Unverträglichkeit, keine Allergie.

Auch die Empfehlung, dass Menschen mit Neurodermitis keinen
Zucker essen sollten, ist nicht haltbar. In mehreren Studien konnte
bewiesen werden, dass der Verzehr von Zucker in üblichen Mengen
den Verlauf einer Neurodermitis nicht beeinflusst.

„Zucker macht Kinder hyperaktiv"
Zucker sorgt nicht dafür, dass gesunde Kinder eine Aufmerksam-
keits- und Hyperaktivitätsstörung (ADHS) entwickeln, wie Studien
ergeben haben. Es ist also nicht nötig, den Zucker komplett vom
Speiseplan zu nehmen. Allerdings lassen eine extrem zuckerreiche
Ernährung und häufige zuckerhaltige Zwischenmahlzeiten wie
Limonaden oder Gummibärchen den Blutzucker stark schwanken und
verstärken damit möglicherweise Zustände von Unruhe und Unaus-
geglichenheit.

Zucker ist kein
Grundnahrungsmit-
tel, denn unser
Körper kann sich die
von ihm benötigte
Menge aus anderen
Lebensmitteln
ziehen.

Bewusster Umgang mit Zucker

Was ist also zu tun, um die negativen Folgen von zu hohem Zuckerkonsum zu vermeiden oder auch rückgängig zu machen? Als erstes ist es an der Zeit, den Tatsachen ins Gesicht zu sehen, dann geht es darum umzudenken und neue Gewohnheiten zu entwickeln.

Wir haben eine Vorliebe für Süßes – geprägt durch unser allererstes Geschmackserlebnis, die süße Muttermilch. Auch wissen wir, dass uns Zucker mit Energie versorgt, und so greifen wir gerne schnell zu zuckerhaltigen Lebensmitteln, wenn wir uns schlapp fühlen. Für unsere Vorfahren war diese Vorliebe ein Überlebensvorteil. Der Geschmack war quasi ein Signal dafür, dass es sich hier um Kohlenhydrate und somit Quellen schnell verfügbarer Energie handelt. Doch was in Zeiten kargen Nahrungsangebots sinnvoll war, wird uns in der heutigen Welt des Überflusses zum Verhängnis. Wir nehmen viel mehr Energie zu uns, als wir verbrauchen, und unser Zuckerkonsum läuft aus dem Ruder.

Zucker liefert Energie, das ist richtig. Aber sonst liefert er nichts. Deshalb bezeichnet man zuckerhaltige Lebensmittel oft auch als leere Kalorien. Mit ihrer geringen Nährstoffdichte tragen sie zu einer gesunden und ausgewogenen Ernährung so gut wie nichts bei. Auf Ihrem Speiseplan sollten Lebensmittel im Mittelpunkt stehen, die mehr Nährstoffe enthalten: Ballaststoffe, Vitamine, Mineralstoffe. Wenn wir unsere Energie aus diesen Lebensmitteln holen, also Gemüse, Vollkornprodukte und Obst bevorzugen, werden wir außerdem satt, bevor wir unser Kalorienkonto überziehen können.

Die Empfehlung lautet, dass wir maximal 10 Prozent unseres täglichen Energiebedarfes in Form von Zucker aufnehmen sollten. Im Mittel bedeutet das etwa 50 Gramm pro Tag, und diese Menge ist schnell überschritten. So enthalten 100 Gramm Gum-

!

Rund 50 Gramm Zucker am Tag – das ist die empfohlene Höchstmenge.

mibärchen bereits 76 Gramm Zucker – die sind schnell verputzt und die Tüte ist erst halb leer. Dass wir Deutschen im Durchschnitt jährlich 120 Liter Softdrinks trinken, kommt zwar nicht an amerikanische Verhältnisse heran, ist jedoch eindeutig zu viel und in der Tendenz steigend.

Wie viel Zucker ist gesund?
Getränke sollten kalorienfrei bis kalorienarm sein. Dies trifft auf Mineralwasser, ungesüßte Kräuter- und Früchtetees oder stark verdünnte Säfte zu. Wir sehen den Getränken nicht an, wie viel Zucker wirklich drin ist, ein Blick auf die Nährwertangaben der Verpackung hilft weiter. Die Verbraucherzentralen haben eine sehr praktische Empfehlung veröffentlicht.
- Getränke mit einem Zuckergehalt bis zu 2,5 Gramm auf 100 Milliliter Getränk sind gute Durstlöscher.
- Getränke mit einem Zuckergehalt von 2,5 bis 6,3 Gramm auf 100 Milliliter Getränk sind für den Sport oder bei hohem Flüssigkeitsverlust geeignet.
- Ballaststoffreiche und zuckerarme Lebensmittel haben Vorfahrt! Gemüse, Vollkornprodukte, Hülsenfrüchte und Obst machen uns satt und sind gut für unsere Gesundheit. Für die Einschätzung des Zuckergehalts in Lebensmitteln gibt die Verbraucherzentrale folgende Empfehlung:
  - Lebensmittel mit einem Zuckergehalt bis 5,0 Gramm auf 100 Gramm sind prima Sattmacher.
  - Lebensmittel mit einem Zuckergehalt von 5,0 bis 12,5 Gramm auf 100 Gramm sollten in begrenzten Mengen gegessen werden.
  - Lebensmittel mit einem Zuckergehalt über 12,5 Gramm auf 100 Gramm sollten vermieden bzw. gegen zuckerärmere und ballaststoffreichere Lebensmittel ersetzt werden.

!

Das ist gut für Ihre Gesundheit: weniger zuckergesüßte Lebensmittel, dafür mehr ballaststoffhaltige wie Gemüse, Getreide und Hülsenfrüchte.

Die Deutsche Gesellschaft für Ernährung (DGE) hat eine Leitlinie zur Kohlenhydratzufuhr veröffentlicht, für die viele Studien zum Thema Kohlenhydrate und ernährungsbedingte Erkrankungen ausgewertet wurden. In dieser Leitlinie heißt es, dass beim Schutz vor ernährungsbedingten Krankheiten besonders die Art der Kohlenhydrate eine Rolle spielt. So erhöht die Kombination von hohem Zuckerkonsum und ballaststoffarmer Ernährung deutlich das Risiko, an Übergewicht und Diabetes mellitus zu erkranken. Quintessenz ist die folgende Regel: weniger zuckergesüßte Getränke und Lebensmittel, dafür mehr ballaststoffhaltige Lebensmittel wie Gemüse, Getreide und Hülsenfrüchte.

Statt fertigen Fruchtjoghurt zu essen, sollten Sie lieber Naturjoghurt mit frischem Obst zubereiten.

Austauschtabelle für zuckerhaltige Lebensmittel

BESSER NICHT:	ZUCKER-GEHALT	ERSETZEN DURCH:	ZUCKER-GEHALT
1 Glas Limonade, 200 ml	18 g	Aromawasser (Rezept Seite 62)	0 g
1 Glas Apfelsaft, 200 ml	21 g	1 Glas Apfelsaftschorle 2:1, 200 ml	7 g
1 Glas Eistee	16 g	1 Glas Eistee (Rezept Seite 60)	3 g
1 Smoothie, Fertigprodukt, 300 ml	28–36 g	1 Glas Kiwi-Smoothie (Rezept Seite 70)	13 g
1 Becher Fruchtbuttermilch, 500 ml	48–56 g	Buttermilch + Fruchtsaft (2:1), 500 ml	15 g
1 Becher Fruchtjoghurt, 200 g	26–32 g	1 Becher Naturjoghurt (150 g) + 50 g Erdbeeren	10 g
1 Portion Mandarinen, Konserve, 80 g	13 g	1 frische Mandarine	7 g
1 Stück Marmorkuchen, 120 g	35 g	1 Stück Schokokuchen (Rezept Seite 126)	11 g
1 Portion Cornflakes, gezuckert	13 g	1 Portion Cornflakes, ungezuckert	4 g
1 Portion Instant-Cappuccino	10 g	1 Tasse Kaffee (150 ml) mit aufgeschäumter Milch (50 ml)	2,5 g
1 Portion Marmelade, 50 % Frucht, 20 g	11 g	1 Portion Marmelade, 75 % Frucht, 20 g	8 g

Ballaststoffe – wertvolle Sattmacher

Neben dem Fett- und Eiweißgehalt einer Mahlzeit sorgen die Ballaststoffe für eine langanhaltende Sättigung. Grund genug, ihnen mehr Aufmerksamkeit zu schenken. Einen besonders hohen Gehalt an Ballaststoffen haben Hülsenfrüchte, Vollkorngetreide, Nüsse, Äpfel, Birnen, Beerenfrüchte, Trockenobst und Orangen, außerdem alle Gemüsesorten, besonders Kohl, Karotten und Kartoffeln, Lauch und Rote Bete.

Wie bereits gesagt, sorgen Ballaststoffe dafür, dass Kohlenhydrate aus der Nahrung langsamer an das Blut abgegeben werden, dadurch steigt der Blutzuckerspiegel nicht so rasant an. Wir können uns diese Effekte zunutze machen, indem wir süße Gerichte mit ballaststoffreichen Zutaten kombinieren. Bereiten Sie Kuchen und Gebäck mit Haferflocken, Trockenfrüchten oder Nüssen zu. In Desserts bringen Zutaten wie frische Früchte, Hirse, Amaranth oder Mandeln reichlich Ballaststoffe mit.

Täglich mindestens 30 Gramm Ballaststoffe, das empfiehlt die Deutsche Gesellschaft für Ernährung (DGE). Wenn Sie jeden Tag drei Portionen Gemüse, zwei Portionen Obst und überwiegend Vollkornprodukte statt Weißmehlprodukte essen, schaffen Sie diese Menge locker.

Obst und Nüsse enthalten besonders viele Ballaststoffe.

Ballaststoffreiche Lebensmittel

LEBENSMITTEL, 100 GRAMM	BALLASTSTOFFGEHALT IN GRAMM
Obst	
Banane	2,0
Birne	2,6
Brombeeren	3,1
Erdbeeren	2,0
Äpfel	2,3
Johannisbeeren, schwarz	3,8
Heidelbeere	4,9
Kiwi	3,9
Aprikose, getrocknet	9,0
Feigen, getrocknet	9,6
Hülsenfrüchte und Nüsse	
Kichererbsen, gekocht	4,4
weiße Bohnen, gekocht	7,8
Kidneybohnen, gekocht	7,9
Sonnenblumenkerne	6,3
Haselnuss	9,0
Walnuss	5,0
Mandeln	9,8
Leinsamen	39
Getreideprodukte	
Haferflocken	9,5
Hirse	3,9
Quinoa	7,0
Amaranth	7,0
Cornflakes	3,1
Weizenmehl Type 405	3,5
Weizenvollkornmehl	10,0

Gemüse und Obst für Ihre Gesundheit

Sowohl Gemüse als auch Obst enthält neben Ballaststoffen viele lebenswichtige Vitamine, Mineralstoffe und sekundäre Pflanzenstoffe, was beides für unsere Gesundheit unentbehrlich macht. Studien belegen, dass bei Menschen, die viel Gemüse und Obst essen, unter anderem weniger Herz-Kreislauf-Erkrankungen auftreten.

Der geringe Anteil an Fett und Zucker und damit Kalorien tut sein Übriges. Wir können unsere Mahlzeiten mit reichlich Gemüse und Obst aufwerten, dann werden wir schnell satt und bleiben es. Wer lange satt ist, ist zufriedener und muss nicht ständig zwischendurch zu den süßen Kleinigkeiten greifen. Viel Gemüse und Obst essen schützt also auch vor Übergewicht.

Eine Handvoll Kirschen entspricht zum Beispiel einer Portion Obst.

Die Kampagne „5 am Tag" setzt sich dafür ein, dass die Menschen mehr Gemüse und Obst essen, und zwar mindestens 650 Gramm am Tag. Das entspricht ungefähr fünfmal einer Handvoll, davon sollten drei Portionen aus Gemüse und zwei Portionen aus Obst bestehen. Das ist leichter getan, als Sie denken, wie die folgenden Auflistungen zeigen.

Beispiele für eine Portion Gemüse:
- 1 Paprika
- 2 Möhren
- 3 Tomaten
- ½ Kopfsalat
- 1 kleine Dose Mais oder Kichererbsen
- 1 kleines Glas sauer eingelegtes Gemüse wie Rote Bete, Gurken, Sellerie
- 2 Handvoll Tiefkühlgemüse
- 1 Handvoll getrocknete Bohnen, Linsen, Erbsen
- 1 Teller Gemüsesuppe
- 1 Glas Gemüsesaft

Beispiele für eine Portion Obst:
- 1 Apfel
- 2 Kiwis
- 3 Aprikosen
- 1 Handvoll Kirschen, Weintrauben, Beerenobst
- 1 kleine Schüssel Obstsalat oder Kompott
- 1 Handvoll Tiefkühlobst wie Beerenmischung oder tropische Früchte
- 1 Handvoll Trockenobst
- 1 Glas Fruchtsaft 100 %

Dem Zucker auf der Spur

Um ein Gefühl dafür zu bekommen, wie viel Zucker Sie an einem ganz normalen Tag zu sich nehmen, können Sie sich für einen Tag oder auch über ein paar Tage hinweg aufschreiben, was Sie alles trinken und essen. Dann unterstreichen Sie in Ihrer Liste die Lebensmittel, die Zucker enthalten. Wie viel das jeweils ist, können Sie in einschlägigen Tabellen nachschauen, oder Sie nutzen ein kleines Programm für Ihren Computer oder für Ihr Smartphone. Es gibt mittlerweile schon einige gute, kostenlose Programme, sogenannte Ernährungs-Apps, die Ihnen helfen, sich einen Überblick zu verschaffen.

Wir haben hier mal eine beispielhafte Tabelle zusammengestellt, dabei kommen 200 Gramm Zucker schnell zusammen. Sie erinnern sich: Die empfohlene Höchstmenge liegt bei 50 Gramm am Tag.

Ein Tag mit zu viel Zucker

LEBENSMITTEL	KALORIEN	ZUCKER-GEHALT IN g
Frühstück		
1 Tasse Kaffee	3	0,5
1 EL Kaffeesahne	6	0
1 Würfel Zucker	20	5
2 Scheiben Toast	157	2
1 EL Butter	148	0
1 EL Honig	61	15
1 EL Konfitüre	70	17
Zwischenmahlzeit		
1 Banane	112	22
1 Glas Multivitaminsaft (200 ml)	88	18

LEBENSMITTEL	KALORIEN	ZUCKER-GEHALT IN g
Mittagessen		
250 g gekochte Nudeln	335	0,5
Tomatensoße	72	4
Hackbällchen	270	1,5
Obstsalat mit Sahne	196	30
1 Glas Apfelsaftschorle (200 ml)	66	14
Nachmittagssnack		
Butterkuchen	380	17
Cappuccino	57	6
Abendessen		
1 Scheibe Mischbrot	106	1
1 EL Butter	148	0
1 Scheibe Käse	106	0
1 Scheibe Wurst	61	0
2 Gewürzgurken	21	2,5
2 Tassen Früchtetee mit Zucker	28	7
Zwischendurch		
600 ml Orangenlimonade	174	42
Gesamtsumme	**2685**	**205**

Wenn Sie wissen wo Ihre Zuckerfallen sind, dann können Sie sich auch auf die Suche nach Alternativen machen. In den Tabellen und im Rezeptteil finden Sie für jedes zuckerreiche Lebensmittel eine zuckerärmere Alternative.

Ein Tag mit weniger Zucker

LEBENSMITTEL	KALORIEN	ZUCKER-GEHALT IN g
Frühstück		
5 EL Müsli	167	6
150 ml Trinkmilch	98	7
1 Stück Obst	76	16,5
1 Tasse Kaffee mit Milch	6	0,5
Zwischenmahlzeit		
Wrap mit Gemüse und Hähnchenfleisch	358	7
150 ml Buttermilch + 50 ml Orangensaft	82	11
Mittagessen		
Vollkornnudeln überbacken, mit Spinat	361	3,5
1 Schale Rote Grütze mit Vanillesoße	203	27
Mineralwasser	0	0
Nachmittagssnack		
Mohnrolle	358	15,5
1 Tasse Kaffee mit Milch	6	0,5
Abendessen		
1 Scheibe Vollkornbrot	99	1,5
Frischkäse	101	0,5
1 Schale Salat mit Vinaigrette	93	3
1 Tasse Kräutertee	0	0
Zwischendurch		
1 l Mineralwasser	0	0
Gesamtsumme	**2008**	**98,5**

Bei mehr als sechs Stunden Abstand zwischen den Mahlzeiten sind Zwischensnacks erlaubt. Wenn es etwas Süßes sein soll, finden Sie einen zuckerreduzierten Kakao auf Seite 66.

Versteckter Zucker

Wenn wir einen Zuckerwürfel in unseren Kaffee rühren, sehen wir den Zucker. Auch wenn wir uns Nuss-Nugat-Creme oder Marmelade auf unser Brötchen streichen, sind wir uns sicher dessen bewusst, dass wir ein zuckerreiches Lebensmittel verzehren. Doch schon beim Fruchtjoghurt denken wir wahrscheinlich eher an Frucht als an Zucker, dabei enthält ein handelsüblicher Becher Fruchtjoghurt 15 bis 20 Gramm Zucker. Und oft versteckt sich ein nicht unerheblicher Anteil an Zucker gerade dort, wo wir ihn gar nicht vermuten: In Schaschliksoße, sauren Gurken oder Geflügelsalat steht Zucker ganz oben auf der Zutatenliste.

Irreführend sind auch die unterschiedlichen Bezeichnungen wie „ohne Zuckerzusatz", „zuckerreduziert" oder „zuckerarm". Die Kennzeichnung „ohne Zuckerzusatz" besagt zwar, dass keine Süßungsmittel wie Zucker oder Honig zugesetzt wurden. Über den tatsächlichen Zuckergehalt sagt sie jedoch nichts aus. Viele Lebensmittel enthalten von Natur aus Zucker, wie zum Beispiel Fruchtsaft oder ein Riegel aus Trockenfrüchten.

Für die Bezeichnungen „zuckerarm" und „zuckerfrei" gibt es dagegen feste Regeln: „Zuckerarm" bedeutet, dass ein Lebensmittel weniger als 5 Gramm Zucker pro 100 Gramm, ein Getränk weniger als 2,5 Gramm pro 100 Milliliter enthält. Als „zuckerfrei" dürfen nur Produkte deklariert werden, die nicht mehr als 0,5 Gramm Zucker pro 100 Milliliter bzw. 100 Gramm aufweisen.

Am häufigsten wird jedoch die Bezeichnung „zuckerreduziert" verwendet, die lediglich besagt, dass der Zuckergehalt eines Lebensmittels gegenüber vergleichbaren Produkten um mindestens 30 Prozent reduziert sein muss.

Das „Wann" ist entscheidend

Für Ihren Energiehaushalt, Ihre Gesundheit und ein gutes Körpergefühl ist es nicht nur wichtig, was Sie essen, sondern auch wann Sie essen. Denn je nach Tageszeit hat der Körper andere Bedürfnisse. Grundsätzlich gilt, dass Sie zwischen den Mahlzeiten Essenspausen einhalten sollten, essen Sie also nicht hier ein Stückchen Schokolade, dort ein paar Kekse zum Kaffee und dann noch eine Banane. Sind die Abstände zwischen den einzelnen Mahlzeiten aber zu lang, das heißt mehr als sechs Stunden, gönnen Sie sich zwischendurch einen Snack, um Heißhungerattacken vorzubeugen.

Frühstück – Kohlenhydrate kurbeln den Stoffwechsel an

In der Nacht schlafen wir und essen nicht. Unser Gehirn und unsere Organe waren aber auch in der Nacht fleißig und haben die gespeicherte Energie aus den Leber- und Muskelzellen verbraucht. Das bedeutet, unsere Speicher sind fast leer. Morgens wird das Fasten gebrochen und wir können unsere Speicher wieder füllen. Außerdem kurbeln wir mit dem Frühstück den Stoffwechsel an und können so mit viel Energie in den Tag starten. Wer das Frühstück auslässt, bekommt das auch zu spüren. In den Zellen gibt es nicht mehr ausreichend Reserven zum Verbrennen, also stellt unser Körper auf „Energiespar-Programm" um. Alles läuft, aber viel langsamer. Wir fühlen uns nicht so fit wie nach einem ausgewogenen Frühstück.

Jetzt sind Kohlenhydrate besonders wichtig. Das optimale Frühstück besteht aus komplexen Kohlenhydraten wie Vollkornbrot oder Getreideflocken mit einer Portion Obst oder Fruchtaufstrich und eiweißhaltigen Lebensmitteln wie Milch, Sojadrink, Joghurt oder Quark.

Zwischenmahlzeit – Energieschub für zwischendurch

Wer mehr als sechs Stunden Zeitabstand zwischen seinen Mahlzeiten hat, sollte besser eine kleine Zwischenmahlzeit einlegen. Sie versorgen das Gehirn erneut mit Energie und beugen Heißhungerattacken vor. Gut geeignet sind Joghurt mit Obst, Quark mit Gemüse, Vollkornbrot mit Radieschen, Gurke, Tomate, ein Gemüsesaft oder ein Milch-Mix-Getränk mit püriertem Obst.

!

Bei einem zu langen Abstand zwischen den Mahlzeiten hilft eine gesunde Zwischenmahlzeit, Heißhungerattacken zu vermeiden. Das gilt für den Vormittag wie für den Nachmittag.

Mittagessen – alles drin, was wir brauchen

Halbzeit! Jetzt wird es Zeit, sich wieder mit allem gut zu versorgen. Aber bitte nicht mit einem Berg Pasta und dazu etwas Pesto. Weniger Pasta und Pesto, dafür mehr Gemüse. Sich den Bauch mit Brot, Kartoffeln, Reis und Nudeln vollzuschlagen, hat nichts mit ausgewogener Ernährung zu tun. Teilen Sie sich Ihren Teller so ein:

• Die Hälfte des Tellers ist mit Gemüse belegt.
• Ein Viertel des Tellers nehmen die Beilagen wie Kartoffeln, Reis, Nudeln ein.
• Das letzte Viertel ist für Fleisch, Fisch, Ei, vegetarischen Fleischersatz und Soße reserviert.

Ein kleines Eis zum Dessert? Kein Problem, wenn noch Platz im Bauch ist. Nach der Hauptmahlzeit ist der ideale Zeitpunkt für ein süßes Extra am Tag. Die Gefahr, danach Heißhunger zu bekommen, besteht in dieser Kombination nicht.

Abendessen – viel Eiweiß, wenig Kohlenhydrate

Zur Nacht ist wieder Fasten angesagt. Während der Schlafenszeit können auch unsere Fettpölsterchen gut abgebaut werden – allerdings nur, wenn kein Insulin unterwegs ist. Denn Insulin sorgt ja bekanntlich für die Kohlenhydratverbrennung, wir möchten aber Energie aus den Fetten verbrennen. Wenn Sie abends auf große Mengen Kohlenhydrate verzichten, verhindern Sie die Insulinausschüttung und können in der Nacht von diesem Effekt profitieren.

Essen Sie abends also nicht den großen Obstteller oder Brötchen! Geeignet sind ein großer Salatteller mit Fleisch, Fisch, Ei, Käse. Vielleicht auch ein Gemüseeintopf oder etwas Vollkornbrot mit Belag.

So sieht ein ausge-
wogener Teller aus:
Die Hälfte ist mit
Gemüse belegt,
jeweils ein Viertel mit
Beilagen und Fleisch
oder Fisch.

Beispiel für einen ausgewogenen Tagesplan

Frühstück
Brötchen mit Frischkäse und Aprikosenaufstrich (Rezept Seite 86) und eine Portion frisches Obst
oder
Porridge mit Backobst (Rezept Seite 85)

Zweites Frühstück
Gemüsesticks mit Dip
oder
Papaya-Lassi (Rezept Seite 70)
oder
1 Gemüsesaft

Mittagessen
Ergänzen Sie Ihre Hauptspeise durch:
eine Gemüsesuppe (als Vorspeise)
einen kleinen Salat (als Beilage)
einen Obstsalat (als Dessert)

Abendessen
Großer Salat mit Gemüse und Thunfisch, Pute, Ei oder Käse
oder
1 Vollkornbrot mit Tomate und Mozzarella
oder
1 Teller Gemüseeintopf mit Linsen

No Carb? – Low Carb? – Slow Carb!

Es gibt viele Meinungen zum Umgang mit Kohlenhydraten in unserer Ernährung. Sie reichen von „besser keine Kohlenhydrate" über „unbedingt nur wenig Kohlenhydrate und auf keinen Fall am Abend", bis „langsame Kohlenhydrate, mit hohem Anteil an Fett, Eiweiß und Ballaststoffen".

Ernährungsformen wie die Atkins-Diät, die Kohlenhydrate verteufeln und Fett und Eiweiß als Hauptnahrungsmittel sehen, haben ihre Blütezeit hinter sich. Diese Low-Carb-Diäten wurden vor allem zum Abnehmen entwickelt und gelten als gesundheitlich bedenklich. Andere Ernährungsformen sehen Kohlenhydrate kritisch und zielen zum Beispiel auf den sogenannten glykämischen Index (GI) ab. Hierbei werden kohlenhydrathaltige Lebensmittel nach ihrer direkten Wirkung auf den Blutzucker unterschieden. Lebensmittel mit einem hohen glykämischen Index sollten vermieden, solche mit einem niedrigen GI regelmäßig gegessen werden. Allerdings gibt es bei der Ermittlung des GI methodische Probleme, das Konzept gilt insgesamt als ungenau und zu komplex, um es einfach in Listen zu fassen.

Wir sind der Meinung, dass es nicht sinnvoll ist, weitgehend auf Kohlenhydrate zu verzichten. Zwar wird das einfache Kohlenhydrat Zucker schnell verstoffwechselt, es erhöht rasch unseren Blutzucker und gilt daher als ungesund. Ähnlich sieht es bei Produkten aus ballaststoffarmen, hellen Getreidemehlen aus. Doch kohlenhydrathaltige Lebensmittel wie Gemüse, Obst, Getreide, Hülsenfrüchte und Milchprodukte liefern unserem Körper nicht nur Zucker, sondern auch Vitamine, Mineralstoffe, sekundäre Pflanzenstoffe und Ballaststoffe. Diese Lebensmittel sind gute Sattmacher und unterstützen nachweislich unsere Gesundheit. Darauf sollten wir nicht verzichten. Deshalb empfehlen wir, den Zuckergehalt in Getränken und Speisen zu reduzieren und Lebensmittel mit vielen Ballaststoffen, wie Gemüse, Obst und Vollkorngetreide zu essen.

Ob es Ihnen wichtig ist, sich gesund ernähren, ob Sie konkret Gewicht reduzieren oder ob Sie schlechte Zuckerwerte in den Griff bekommen möchten, um einem Diabetes mellitus vorzubeugen – es ist sinnvoll, auf die Kohlenhydrate zu achten. Dabei ist das „Was" wichtig, denn wenn Sie einfach nur das Brot weglassen und mehr Käse und Wurst essen, geht das auf die Hüften. Eine Portion Wurst und Käse ist volumenarm, Sie essen mehr davon, bis Sie satt sind. Legen Sie die Wurst lieber auf eine Scheibe Vollkornbrot oder essen Sie eine ordentliche Portion Gemüse.

Auf Zucker zu verzichten, ist nicht leicht. Besonders am Anfang werden Sie unter Stimmungsschwankungen leiden, denn der Körper braucht eine gewisse Zeit, um sich umzustellen. Nun ist Durchhaltevermögen gefragt. Um Heißhunger zu vermeiden, sollten Sie statt schneller Zuckerlieferanten eine Mischung aus schnell und langsam wirkenden Kohlenhydraten essen. Am besten in Verbindung mit Eiweiß und Fett. Denn Lebensmittel und Speisen, die Fett und Eiweiß enthalten, verweilen länger im Magen als solche, die nur aus Kohlenhydraten bestehen. Es dauert natürlich etwas länger, bis die Kohlenhydrate im Blut ankommen, dafür hält das Sättigungsgefühl aber auch deutlich länger an.

!

Hin und wieder ist Süßes erlaubt, für den besonderen Genussmoment. Genießen ohne schlechtes Gewissen, aber das, was Ihnen schmeckt!

Tipps gegen den Heißhunger

- Lassen Sie keine der drei Hauptmahlzeiten ausfallen. Unser Körper fühlt sich wohl, wenn er alle vier bis fünf Stunden etwas zu essen bekommt.
- Eine ausgewogene Mahlzeit besteht aus Kohlenhydraten/Ballaststoffen, Eiweiß und Fett: Gemüse, Obst, Getreide, Hülsenfrüchte, Nüsse, Samen für die Kohlenhydrate und Ballaststoffe; Fisch, Fleisch, Eier und Milchprodukte für das Eiweiß; Öle, Streichfett und Nüsse für die wichtigen Fette.
- Wenn Sie eine Zwischenmahlzeit brauchen, weil Sie Hunger haben, dann essen Sie etwas! Wählen Sie aber bewusst aus:

Ein belegtes Vollkornbrot oder Joghurt mit etwas Obst und Nüssen sind gut geeignet.

- Süßes nach der Hauptmahlzeit! Sie dürfen auch zuckerreiche Lebensmittel essen, aber wenig und zum richtigen Zeitpunkt. Ein Stück Schokolade oder ein Dessert nach dem Mittagessen bringt den Blutzuckerspiegel nicht aus dem Gleichgewicht.

- Essen Sie nicht vor dem Fernseher. Essen Sie mit Ruhe bewusst und achtsam, dann können Sie das, was Sie zu sich nehmen, wirklich genießen.

- Wenn Sie oft aus Langeweile oder Frust essen, gehen Sie dem auf den Grund: Welcher Hunger möchte gestillt werden? Gibt es Dinge außer Essen, die Ihnen guttun?

- Hören Sie auf Ihren Körper, er weiß ganz gut, was er braucht. Und seien Sie nicht zu streng mit sich. Das erzeugt nur Stress und der macht Lust auf Schokolade …

Der emotionale Hunger

Wenn wir schlechte Laune haben, traurig sind, gestresst oder Entspannung brauchen, lässt der Heißhunger auf Süßigkeiten nicht lange auf sich warten. Verantwortlich dafür ist ein niedriger Serotoninspiegel. Serotonin ist ein Botenstoff im Gehirn, auch Glückshormon genannt. Ist der Serotoninspiegel zu niedrig, geht es uns nicht gut, ist er hoch, empfinden wir das als Glücksgefühl.

Zucker sorgt dafür, dass der Serotoninspiegel steigt und damit wird auch unsere Stimmung besser. Dieser Effekt hält jedoch meist nicht lange an, vor allem, wenn wir uns nicht um die Ursache unserer schlechten Laune oder Traurigkeit kümmern. Oft kommt zu den Problemen dann noch das schlechte Gewissen dazu, weil wir dem Heißhunger wieder nachgegeben haben. Diesem Teufelskreis können Sie nur entgehen, wenn Sie sich einerseits mit Ihren Problemen befassen und andererseits den Heißhunger mit gesunden Süßigkeiten stillen.

Das selbstsüchtige Gehirn und Stress – die Selfish-Brain-Theorie

Der Lübecker Adipositas-Spezialist und Diabetologe Achim Peters hat mit seinem Team eine Theorie entwickelt, die gut erklärt, warum Stress dick macht.

Unser Gehirn braucht im Vergleich zu den anderen Organen unseres Körpers sehr viel Energie, daher sorgt es dafür, dass wir immer rechtzeitig Hunger verspüren und uns etwas zu Essen besorgen. Dann steuert das Gehirn die Verteilung der Energie, dabei geht es sehr egoistisch vor und lässt sich die größte Portion liefern. Erst wenn das Gehirn genug hat, bekommen auch unsere Organe etwas von der Energie ab. So ist es immer gut versorgt – schließlich ist seine Funktion auch lebenswichtig.

Wenn wir Stress haben, muss unser Gehirn noch mehr leisten und reagiert darauf mit Heißhunger, das heißt für uns: „Jetzt ordentlich was essen und zwar schnell!" Wir essen fleißig viele Kohlenhydrate und theoretisch ist reichlich Energie da. Doch die durch den Stress ausgeschütteten Botenstoffe verhindern, dass die benötigte Energie ins Gehirn gelangt. Der Zucker staut sich im Blut, und um den Stau aufzulösen wird ein Teil davon auf die Organe verteilt. Der größte Teil wird allerdings in die Fettspeicher gebracht – als Folge nehmen wir über kurz oder lang zu. Das ist also die Krux: Das Gehirn schreit nach Nervenfutter, der Körper liefert nicht, sondern legt immer mehr Vorräte an.

Stress zu reduzieren kann sich positiv auf Heißhungerattacken auswirken. Dabei empfindet unser Körper nicht nur zu viel Arbeit oder viele Probleme als Stress, sondern für ihn bedeutet es auch Stress, wenn er zu wenig zu essen bekommt. Daher ist es wichtig, regelmäßig zu essen, und auch wer abnehmen möchte, sollte nicht weniger Kalorien zu sich nehmen, als er braucht. Hungern ist kontraproduktiv.

!

Stress verhindert, dass die benötigte Energie im Gehirn ankommt. Also wird sie auf die Fettspeicher verteilt.

Achtsamkeit beim Essen

Achtsam essen bedeutet, das Essen bewusst zu genießen. Viel zu oft richten wir unsere Aufmerksamkeit nicht auf das Essen, sondern auf andere Dinge, zum Beispiel lesen wir nebenbei, sehen fern, arbeiten oder wir verlieren uns in unseren Gedanken. Wir merken kaum, was wir zu uns nehmen, essen oft zu schnell und zu viel.

Achtsam essen heißt also, sich auf das Essen zu konzentrieren, und auf die Signale des Körpers zu achten. Wie riecht und schmeckt das, was ich gerade kaue? Schmeckt mir das wirklich? Habe ich noch Hunger, oder esse ich nur weiter, weil der Teller noch nicht leer ist? Wenn wir lernen, achtsam zu essen, bauen wir damit kleine Ruheinseln in einen meist hektischen Alltag ein. Über die Entspannung freut sich unser Geist, aber auch unser Verdauungssystem.

Für die meisten Menschen ist es unrealistisch, jede Mahlzeit nahezu meditativ einzunehmen. Aber schon ein paar Kleinigkeiten sind hilfreich:

- Widmen Sie sich nur dem Essen, machen Sie nichts nebenbei.
- Wenn Sie anfangen, nehmen Sie den ersten Bissen ganz bewusst. Kauen Sie gut und schmecken Sie, was Sie essen.
- Legen Sie nach ein paar Bissen oder zwischendurch immer mal wieder das Besteck ab.
- Wenn Sie etwa die Hälfte gegessen haben, horchen Sie in sich hinein, ob Sie noch hungrig sind.

Eine weitere Möglichkeit, Achtsamkeit für Essen zu entwickelt, besteht darin, für eine begrenzte Zeit auf ein bestimmtes Lebensmittel zu verzichten. Trinken Sie ein zwei oder drei Wochen lang keinen Kaffee oder essen Sie keine Schokolade, keinen Kuchen, keine Wurst ... suchen Sie sich etwas aus. Legen Sie die Zeitspanne vorher fest, und machen Sie das ruhig häufiger mit verschiedenen Nahrungsmitteln. Wenn die Zeit um ist, dann essen oder trinken Sie das, worauf Sie verzichtet haben, zum ersten Mal wieder ganz bewusst und mit allen Sinnen.

Zucker-Warenkunde

Es gibt inzwischen ein großes Angebot an Süßungsmitteln für die Industrie wie auch für den Verbraucher. Das sind zum einen Zuckersorten und Sirup, aber auch Zuckeraustauschstoffe und Süßstoffe. Das macht die Auswahl nicht leicht, zudem sind die Bezeichnungen nicht einheitlich. Hier erfahren Sie, was sich hinter den verschiedenen Begriffen verbirgt.

Zucker und Sirup

Rübenzucker wird in Deutschland und in Ländern nördlicher Breite aus Zuckerrüben gewonnen. Durch Auspressen des Pflanzensaftes entsteht nach Eindicken, Kristallisation und Reinigung der weiße Zucker. Am häufigsten wird die rein weiße Raffinade verwendet, doch in den Supermarktregalen finden wir auch Puderzucker, Einmachzucker, Vanillezucker, Hagelzucker, Kandis und neuerdings auch Kreationen wie Kaffeezucker oder flüssigen Zucker. Brauner Zucker ist übrigens nichts anderes als mit Karamell gefärbter Weißzucker, der sich ausschließlich durch seinen Geschmack vom weißen Zucker unterscheidet.

Bei **Rohrzucker** handelt es sich um normalen, raffinierten Haushaltszucker, der aus Zuckerrohr statt Zuckerrübe gewonnen ist. Zur Herstellung von **Vollrohrzucker** wird der gewonnene Saft gefiltert, gepresst und getrocknet. Er wird auch unter der Bezeichnung „Ursüße" angeboten. Durch seinen Melasseanteil von bis zu 2,5 Prozent enthält Vollrohrzucker Mineralstoffe, Vitamine und sekundäre Pflanzenstoffen. **Rohrohzucker** ist teilweise raffiniert, er enthält maximal 1 Prozent Melasse.

Vollrohrzucker und Rohrohzucker haben einen karamellartigen Geschmack. Vom Nährwert unterscheiden sie sich kaum von Rübenzucker, da sie zu 97,5 bis 99 Prozent aus Zucker bestehen. Der Vitamin- und Mineralstoffgehalt ist so gering, dass er bei der Deckung des täglichen Bedarfs zu vernachlässigen ist.

Honig besteht zu 75 bis 80 Prozent aus Frucht- und Trauben-zucker und hat einen Wassergehalt von 20 Prozent. Neben einem geringen Anteil an Vitaminen und Mineralstoffen findet man im Honig auch Polyphenole, die antioxidativ wirken und das Risiko für Herz-Kreislauf-Erkrankungen senken können. Für Säuglinge bis zu einem Jahr ist Honig ungeeignet, weil nicht auszuschlie-ßen ist, dass Sporen des Bakteriums Clostridium botulinum ent-halten sind. Diese könnten im Darm Gifte bilden, und dem ist das kindliche Verdauungssystem noch nicht gewachsen. Für grö-ßere Kinder und Erwachsene sind die Sporen kein Problem. Honig hat eine etwas stärkere Süßkraft als Haushaltszucker, da er einen höheren Fruchtzuckeranteil hat.

Zuckerrübensirup, auch Rübenkraut genannt, wird aus dem Saft der Zuckerrübe hergestellt und enthält einen Zuckeranteil von 65 bis 68 Prozent. Zuckerrübensirup hat einen starken Eigen-geschmack.

Agavendicksaft entsteht, wenn der Saft der Agave auf einen Zuckergehalt von 75 Prozent eingekocht wird. Er ist relativ ge-schmacksneutral. In Deutschland erfreut er sich zunehmender Beliebtheit, unter anderem als Ersatz für Honig in der veganen Ernährung. Agavendicksaft hat wegen seines hohen Fruchtzu-ckergehaltes eine etwas höhere Süßkraft als Haushaltszucker.

Apfel-, Birnen- oder Traubendicksaft sind stark konzentrier-te Fruchtsäfte, die einen Zuckergehalt von 70 bis 80 Prozent auf-weisen. Sie haben den typischen fruchtigen Eigengeschmack und meist eine etwas geringere Süßkraft als Haushaltszucker.

Ahornsirup mit seinem charakteristischen Eigengeschmack wird aus dem Saft des Ahornbaums gewonnen. Im Durchschnitt hat Ahornsirup einen Zuckergehalt von 60 Prozent. Seine Süß-kraft ist geringer als die von Haushaltszucker.

Getreidesirup ist geschmacksneutral. Bei seiner Herstellung wird die Stärke aus den Mehlen mit Hilfe von Enzymen zu Zucker aufgespalten. **Reissirup** und **Dinkelsirup** haben eine sehr milde

> **!**
>
> Die verschiedenen Sirup- und Dicksaft-Sorten haben meist einen charakteristi-schen Eigenge-schmack. Probieren Sie aus, was Ihnen wozu schmeckt.

Süße, die durch den hohen Traubezuckeranteil deutlich geringer ist als die Süße von Haushaltszucker. Wegen ihres geringen Fruchtzuckeranteils sind diese beiden Sorten für Menschen mit einer Fruktoseunverträglichkeit gut geeignet.

Kokosblütenzucker wird aus dem eingedickten und getrockneten Saft der Kokospalme gewonnen. Er hat einen karamellartigen Eigengeschmack. **Palmzucker** bezeichnet den Zucker verschiedener Palmenarten, meist der Zuckerpalme. Kokosblütenzucker enthält 92 bis 94 Prozent, Palmzucker meist 100 Prozent Zucker.

Glukose- und Fruktosesirup werden vorwiegend in der Lebensmittelindustrie eingesetzt und begegnen uns auf den Zutatenlisten vieler Lebensmittel. Im Vergleich zu Haushaltszucker kristallisiert Glukosesirup weniger leicht aus. Er erhöht die Haltbarkeit und die Viskosität der Lebensmittel. Glukosesirup besteht zu ca. 95 Prozent aus Traubenzucker und maximal 5 Prozent aus Fruchtzucker, seine Süßkraft ist etwas geringer als die von Haushaltszucker. Hingegen ist die Süßkraft von Fruktosesirup höher als die von Haushaltszucker.

!

Ob Zucker, Sirup oder Dicksaft – eines haben diese Süßungsmittel gemeinsam: einen hohen Anteil an Zucker und damit an Kalorien. Verwenden Sie sie also sparsam.

Zuckeraustauschstoffe

Der Wunsch nach einem kalorienarmen, insulinunabhängigen Zuckerersatz, der besonders Diabetikern das Leben erleichtern sollte, führte 1937 dazu, dass der erste Zuckeraustauschstoff auf den Markt kam: Sorbit. Zuckeraustauschstoffe werden auch Zuckeralkohole genannt und verfügen über ähnliche Eigenschaften wie Haushaltszucker. Sie können sein Volumen 1:1 ersetzen, wobei sie (mit Ausnahme von Erythrit, das kalorienfrei ist) ca. 40 Prozent weniger Kalorien als Zucker enthalten. Alle Zuckeraustauschstoffe haben gemeinsam, dass sie keine Karies auslösen. Heute wird Sorbit am häufigsten verwendet, gefolgt von Isomalt, Laktit, Maltit und Xylit. Xylit wird im Handel auch als Birkenzucker angeboten.

Die Industrie setzt Zuckeraustauschstoffe überwiegend zur Herstellung von Süßwaren wie Kaugummis, Bonbons oder Schokolade ein. Ihre Süßkraft liegt mit 50 bis 60 Prozent deutlich unter der Süßkraft von Haushaltszucker, mit Ausnahme von Xylit, das eine ähnliche Süßkraft wie Zucker hat. Alle bisher genannten Zuckeraustauschstoffe haben eine unerwünschte Nebenwirkung: Werden sie in größeren Mengen – über 50 Gramm – aufgenommen, können sie abführend wirken und Blähungen hervorrufen. Bei Erythrit wird die Verträglichkeit mit über 125 Gramm angegeben.

Zuckeraustauschstoffe lassen unseren Blutzuckerspiegel weniger stark ansteigen als Haushaltszucker. Wie bereits erwähnt, wurden sie ursprünglich für Diabetiker entwickelt und auch lange Zeit für die Ernährung bei Diabetes mellitus empfohlen. Heute dürfen jedoch Lebensmittel mit Zuckeraustauschstoffen nicht mehr zur speziellen Ernährung bei Diabetes mellitus angeboten werden, im Oktober 2012 wurden sie von der Deutschen Gesellschaft für Ernährung als unnötig eingestuft. Das heißt jedoch nicht, dass sie überflüssig sind. Zum Beispiel sind Kaugummis mit Zuckeraustauschstoffen weiterhin eine zahnfreundliche Alternative zu anderen Süßigkeiten. Allerdings sollte ihre abführende Wirkung berücksichtigt werden.

Eine Ausnahme bildet der neuere Zuckeraustauschstoff Erythrit, der nicht nur kalorienfrei, sondern auch besser verträglich ist. Er ist im Handel unter der Bezeichnung Sukrin oder Sucralose erhältlich. Allerdings ist er zurzeit noch deutlich teurer als normaler Zucker.

!

Ein sehr sinnvoller Einsatz für Zuckeraustauschstoffe sind zahnfreundliche Kaugummis.

Süßstoffe

Süßstoffe sind praktisch kalorienfrei, dabei habe sie eine sehr starke Süßkraft (10- bis 3.000-fach süßer als Zucker). Sie werden insulinunabhängig verstoffwechselt, beeinflussen den Blutzuckerspiegel also nicht. Wegen ihrer fehlenden Masse können

Süßstoffe nicht 1:1 gegen Zucker ausgetauscht werden, auch entwickeln sie in höheren Konzentrationen meist einen unangenehmen Eigengeschmack. Süßstoffe gehören zu den Zusatzstoffen und besitzen eine E-Nummer. Meist werden sie als Mischung verwendet, was den Geschmack des Produkts verbessert.

Zugelassene Süßstoffe sind Saccharin, Aspartam, Cyclamat, Acesulfam-K, Sucralose und Neotam. Eine pflanzliche Grundlage enthalten Thaumatin, das aus den Früchten der westafrikanischen Katemfepflanze extrahiert wird, sowie Stevioglycosid, das aus den Blättern der Steviapflanze gewonnen wird. Stevioglycosid wurde erst im Dezember 2011 EU-weit zugelassen. Alle Süßstoffe werden auf ihre Unbedenklichkeit getestet und mit dem sogenannten ADI-Wert versehen, welcher besagt, welche Höchstmengen nicht überschritten werden dürfen. Stevioglykosid hat einen niedrigen ADI-Wert, daher dürfen zum Beispiel Limonaden oder Süßwaren nur teilweise damit gesüßt werden. Zudem weist Stevioglykosid einen deutlichen lakritzartigen Beigeschmack auf. Beides hat zur Folge, dass mit Stevioglykosid gesüßten Lebensmitteln meist noch recht viel Haushaltszucker zugefügt wird, damit das Produkt schmeckt. Übrigens ist es in Deutschland untersagt, auf der Verpackung eines Lebensmittels den Begriff „Stevia" oder die Abbildung von Steviablättern zu verwenden.

Süßstoffe werden in Light-Getränken oder in Milchprodukten wie Fruchtjoghurts oder Pudding eingesetzt. Viele Lebensmittel wie Schokolade, Kuchen, Gebäck, Bonbons oder Fruchtgummis können aus technischen Gründen nicht ausschließlich mit Süßstoff hergestellt werden, daher werden sie mit Zuckeraustauschstoffen oder Zucker gemischt. Der Kaloriengehalt dieser Produkte liegt dann oft nur knapp unter dem herkömmlicher Süßwaren. Zwar steigt der Blutzucker nach dem Verzehr von Speisen, die mit Süßstoff gesüßt sind, nicht an, dennoch bleibt die Reizschwelle für süß hoch. Wer Süßstoff verwenden möchte, sollte dies besser in Maßen tun.

!

Auch wenn der Geschmack von Süßstoffen sich dem von Zucker in den vergangenen Jahren immer mehr angenähert hat, unterscheidet er sich immer noch deutlich.

Zu Süßstoffen gibt es eine Reihe von Vorurteilen, die teilweise stark verunsichern können. Besonders das Gerücht, dass Süßstoffe krebserregend seien, hält sich sehr hartnäckig. Aber hier können wir Sie beruhigen: Süßstoffe werden ausgiebig auf ihre Unbedenklichkeit geprüft. Beim derzeitigen Kenntnisstand wird davon ausgegangen, dass sie bei Berücksichtigung des ADI-Wertes kein Krebsrisiko darstellen.

Stevia ist ein neu zugelassener Süßstoff aus Pflanzen.

Obst haltbar machen – Ersatz für zuckerlastige Naschereien

Obst ist ein schöner und schmackhafter Ersatz für andere zuckerlastige Naschereien. Sein natürlicher Zuckergehalt genügt, es muss kein weiterer Zucker zugesetzt werden, zudem sind Früchte reich an sekundären Pflanzenstoffen, Vitaminen, Mineralstoffen und Ballaststoffen. Jeder weiß, dass Obst am süßesten ist und das beste Aroma hat, wenn wir es frisch, direkt vom Baum oder Strauch, bekommen. Leider können wir frisches Obst nicht das ganze Jahr bei uns ernten, und das Obst, das wir im Winter im Supermarkt bekommen, wurde meist unreif gepflückt und hat lange Transportwege hinter sich. Es gibt jedoch verschiedene Möglichkeiten, zu jeder Jahreszeit süßes und aromatisches Obst zu genießen: Sie können frisch geerntetes Obst einfrieren oder trocknen bzw. dörren.

Obst einfrieren

Um Obst einzufrieren, brauchen Sie Früchte von guter Qualität. Sie sollten keine fauligen Stellen haben und wirklich reif sein. Zur Vorbereitung werden die Früchte vorsichtig gewaschen, von Stielen und Blütenansätzen befreit. Danach müssen sie in einem Sieb gut abtropfen.

Nun verteilen Sie die Früchte auf einem Backblech oder einer anderen geeigneten Unterlage und geben sie direkt ins Gefrierfach. Das Obst muss mindestens drei Stunden durchfrieren. Danach füllen Sie die gefrorenen Früchte in Gefrierbeutel um – sie sind nun für einige Monate haltbar.

Zum Einfrieren eignen sich alle Obstsorten. Insbesondere Beerenfrüchte, Aprikosen, Kirschen und Pflaumen kann man so haltbar machen und anschließend als Kuchenbelag, Dessert oder als Kompott weiterverarbeiten.

Obst trocknen

Beim Trocknen wird den Früchten das Wasser entzogen, aber die meisten Vitamine und Mineralstoffen bleiben enthalten. Die Restfeuchtigkeit der Früchte beträgt etwa 20 Prozent, das macht das Obst weniger anfällig für Bakterien und Schimmel. Trockenfrüchte halten sich luftdicht und dunkel verpackt ebenfalls für viele Monate. Auch hier ist es wichtig, dass die Früchte, die Sie trocknen möchten, von guter Qualität sind und keine faulen Stellen haben.

Sie können Trockenobst natürlich auch fertig kaufen. Allerding ist es oft geschwefelt oder mit Sorbit behandelt, was dafür sorgt, dass die Trockenfrüchte ihre klare Farbe behalten und weich bleiben. Empfindliche Menschen reagieren auf diese Zusätze mit Kopfschmerzen, Übelkeit und Durchfall. Also kaufen Sie Trockenobst ohne Zusätze oder stellen es selbst her.

GEEIGNETE SORTEN FÜR TROCKENOBST	
Äpfel	Erdbeeren
Birnen	Himbeeren
Quitten	Brombeeren
Aprikosen	Johannisbeeren
Feigen	Bananen
Datteln	Mangos
Pflaumen	Orangen
Weintrauben	Pfirsiche
Ananas	Mirabellen

! Kochen Sie die Trockenfrüchte mit etwas Wasser/Fruchtsaft zum Kompott. Sie sind auch eine gute Back-Zugabe zu Müsliriegeln, Früchtebrot oder im Topfkuchen.

Für Trockenobst werden die Früchte gewaschen, abgetrocknet, in Scheiben oder Schnitze geschnitten und dann nach der gewählten Methode getrocknet. Danach werden sie in gut verschließbare Behälter gegeben und trocken und dunkel aufbewahrt.

Im Sommer reicht es aus, zum Beispiel Äpfel in feine Ringe zu schneiden, auf eine Schnur zu fädeln und diese an einem warmen, trockenen und gut durchlüfteten Ort aufzuhängen. In den nächsten Tagen überprüfen Sie dann regelmäßig, ob alle Früchte frei hängen und sich nicht doch schadhafte Stellen zeigen, die Sie dann entfernen müssen. Wie lange das Trocknen dauert, hängt von den Temperaturen und der Lüftung ab. Das Obst ist ausreichend trocken, wenn es elastisch ist und beim Drücken keinen Saft mehr abgibt.

In den Wintermonaten können Sie Obst auf dem Zimmerofen oder der Heizung trocknen. Hierfür schneiden Sie zum Beispiel Äpfel, Birnen oder Orangen in Schnitze oder Scheiben. Dann wird ein Gitter mit Küchenkrepp ausgelegt und das Obst nebeneinander darauf verteilt. Das Ganze stellen Sie auf den Zimmerofen oder die Heizung. Das Trocknen dauert je nach Saftgehalt und Temperatur unterschiedlich lange.

Der Elektrobackofen eignet sich ebenfalls zum Haltbarmachen der süßen Früchte. Legen Sie das vorbereitete Obst auf Backbleche oder Gitter. Die Bleche sollten mit Backpapier ausgelegt werden, damit die Fruchtsäure nicht mit dem Metall reagiert. Die Früchte werden dann bei 50 °C Umluft im Backofen getrocknet. Die Tür muss etwas offen bleiben, damit die Feuchtigkeit abziehen kann, sie wird mit einem Kochlöffel gesichert. Die Temperatur darf nicht höher sein, denn bei hohen Temperaturen zerplatzen die Zellen der Früchte, der Saft tritt aus und Süße und Geschmack gehen verloren. Der Trockenvorgang dauert je nach Saftgehalt und Größe der Früchte ca. 3 bis 10 Stunden. Eventuell müssen Sie die Früchte zwischendurch wenden, damit die Feuchtigkeit besser entweichen kann.

Wenn Sie viel Obst ernten und dies trocknen möchten, lohnt sich die Anschaffung eines Dörrautomates. Hier kann das Obst problemlos auf mehreren Etagen verteilt werden und dann schonend trocknen.

Tipps für selbstgemachtes Trockenobst

- Auf gute Qualität prüfen. Nur heile und reife Früchte verwenden.
- Kurz waschen und gut abtropfen lassen.
- Stiele, Blütenansatz und eventuell auch Kerne entfernen.
- Große Früchte in Ringe, Schnitze oder Würfel klein schneiden.
- Beeren oder stark saftende Kirschen komplett lassen und nicht aufschneiden.
- Ringe, Schnitze oder Würfel kurz in Zitronensaft tauchen, dann verfärbt sich das Obst nicht so stark.
- Fertig getrocknet ist das Obst, wenn es elastisch ist und beim Drücken keinen Saft mehr abgibt.

Selbstgetrocknetes Obst ist bekömmlich, da es weder geschwefelt noch mit Sorbit behandelt wurde.

ZUCKERARME LIEBLINGSREZEPTE

Ein komplettes Zuckerverbot ist weder notwendig noch sinnvoll – allein die Dosis macht's. Das Stück Schokolade zum Espresso nach dem Essen bleibt in einem gesunden Rahmen, ebenso wie ein Stück Kuchen samstags zum Kaffee oder der Eisbecher bei sommerlichen Temperaturen. So setzen wir auch in unseren Rezepten alle Süßungsmittel sehr sparsam ein. Ziel ist es, den natürlichen Geschmack der Lebensmittel wieder in den Vordergrund zu stellen und unsere Alltagsküche zu „entzuckern". Dazu finden Sie hier viele leckere Rezepte.

Wie wir Süßungsmittel in unseren Rezepten verwenden

Weniger ist mehr

Es geht nicht darum, eine Speise einfach nur süß zuzubereiten. In unseren Rezepten unterstreichen die zuckerhaltigen Süßungsmittel, die wir verwenden, den natürlichen Geschmack der Zutaten. Wenn Sie Ihren Geschmackssinn so trainieren, werden Sie schnell „sensibler" und lernen die unzähligen Aromen und Geschmäcker natürlicher Lebensmittel wieder zu schmecken.

Unsere Rezepte enthalten zum Beispiel kleine Mengen Honig und Agavensirup – beide besitzen eine etwas höhere Süßkraft als Haushaltszucker. Wir nutzen auch die Süße aus Obst, Trockenfrüchten und Säften. Und Vanillezucker, Ahornsirup oder Dicksäfte unterstreichen mit ihrem feinen Aroma den Geschmack vieler Zubereitungen. Die Speisen sind so nicht komplett zuckerfrei – sie enthalten jedoch deutlich weniger Zucker als vergleichbare herkömmliche Rezepturen oder gar Fertigprodukte.

Die Süße aus Früchten nutzen

Obst enthält reichlich Vitamine, Mineralstoffe und Ballaststoffe – und Fruchtzucker. Der wurde von der Natur perfekt verpackt und ist in der Konzentration deutlich geringer als zum Beispiel in Süßigkeiten oder Schokolade. Obst macht uns nicht dick und belastet auch nicht unser Zuckerkonto. Um mit Obst auf den Zuckergehalt einer 200-Gramm-Tüte Fruchtgummi zu kommen, müssten wir etwa vierzehn Äpfel verputzen. Das sind etwa 1,7 Kilo und allein schon die Vorstellung ruft Bauchgrummeln hervor.

Frisches Obst, kombiniert mit einem Naturjoghurt, ergibt einen Fruchtjoghurt, der diesen Namen auch verdient, und bringt eine natürliche Süße mit. Trockenfrüchte haben bedingt durch den Wasserentzug einen hohen Zuckeranteil, aber auch einen hohen Anteil an Ballaststoffen sowie an Mineralstoffen. Sparsam verwendet, sind sie ein wertvolles Süßungsmittel. Fruchtsäfte sind wegen ihres hohen Zuckergehaltes in purer Form als Durstlöscher nicht empfehlenswert. Doch bei der Zubereitung von Desserts oder Smoothies dienen sie zum Süßen und liefern nebenbei auch ein paar Vitamine und Mineralstoffe.

Neben Früchten besitzen auch viele andere Lebensmittel, wie zum Beispiel Mandelmilch oder Sojajoghurt, Möhren, Haselnüsse oder Cashewkerne, eine milde Süße, die wir in unseren Rezepten nutzen.

Zucker als Gewürz verwenden

Wenn Sie einen Teelöffel Zucker zum Beispiel an eine Quarkspeise oder über saure Früchte geben, hebt er den Eigengeschmack der Lebensmittel hervor. Mehr ist nicht notwendig. Es gibt zahlreiche Varianten, wie Sie diesen Teelöffel Zucker und damit die Speisen noch verfeinern können.

Vanillezucker   Ein Stück Vanilleschote aufschneiden und mit 50 Gramm Zucker in ein Schraubglas füllen. Kräftig schütteln und gut verschlossen aufbewahren. Der Vanillezucker gibt Schlagsahne, Quarkspeisen, Eis und Gebäck ein feines Aroma.

Orangenzucker   Die Schale einer Orange fein abreiben und auf Küchenpapier einige Stunden trocknen lassen. Mit 50 Gramm Zucker vermischen und in einem Schraubglas gut verschlossen aufbewahren. Der Orangenzucker schmeckt gut zu fruchtigen Quarkspeisen oder Milchmixgetränken.

Gewürzzucker   1 TL Kardamom, 1 TL gemahlenen Ingwer und 2 TL Zimt mit 50 Gramm Zucker vermischen und in einem Schraubglas gut verschlossen aufbewahren. Mit dem Gewürzzucker lassen sich winterliche Obstsalate, Pfannkuchen oder Desserts mit Kaffee oder Kakao verfeinern.

!

Den Zucker „verpacken"

Wie Sie im ersten Teil gelesen haben, hat Zucker außer der reinen Energie keinen Wert für unseren Körper, das heißt, er enthält keine Vitamine, Mineralstoffe, Ballaststoffe, Eiweiß oder andere wichtige Nährstoffe. Aber er lässt unseren Blutzuckerspiegel in die Höhe schnellen und schnell wieder abfallen, Heißhunger ist die Folge. Dies können Sie ändern, indem Sie Zuckerhaltiges schlau kombinieren.

Kuchen   Ersetzen Sie einen Teil der Mehlmenge durch Vollkornmehl, das bringt Ballaststoffe in den Kuchen. Nüsse enthalten reichlich Omega-3-Fettsäuren und machen satt. Obst ist immer eine gute Zutat für Kuchen – ob Äpfel, Pflaumen oder Kirschen.

Desserts   Milchprodukte wie Quark, Joghurt, Dickmilch, Kefir, Hüttenkäse, Ricotta oder Frischkäse enthalten wertvolles Eiweiß und Kalzium und sättigen gut. Beerenfrüchte sind ideal für Desserts, im Sommer frisch, im Winter tiefgekühlt. Sie sorgen für reichlich Ballaststoffe.

Süße Getränke   Wenn Sie gerne mal eine Limonade trinken, dann tun Sie das zu einer Hauptmahlzeit. Ihr Körper ist dann mit der Verdauung beschäftigt und der Blutzuckerspiegel geht nicht auf Berg- und Talfahrt.

Feine Fruchtaufstriche statt zuckerreiche Konfitüren

In unseren fruchtigen Aufstrichen kann der feine Geschmack frischer Früchte zur Geltung kommen und wird nicht mit großen Mengen Zucker überdeckt.

Kalt gerührte Marmeladen müssen immer im Kühlschrank aufbewahrt werden, weil sie durch ihren geringen Zuckergehalt nicht lange haltbar sind. Werden sie in saubere, heiß ausgespülte Schraubgläser gefüllt, halten sie im Kühlschrank etwa zehn Tage. Sie können aber auch problemlos in kleinen Gefrierdosen eingefroren werden.

Zum Andicken von kalt gerührten Fruchtaufstrichen eignet sich Johannisbrotkernmehl. Es ist kalt löslich und bildet ein festes Gel. Man bekommt es in gut sortierten Supermärkten oder im Reformhaus und im Bioladen. Für gekochte Fruchtaufstriche wird hingegen Agar-Agar verwendet. Es wird mit kaltem Wasser angerührt und zu dem heißen Fruchtkompott oder Mus gegeben. Damit es geliert, muss es etwa 2 Minuten kochen. Für 1 Kilo vorbereitete Früchte benötigt man ca. 1 Teelöffel Agar-Agar.

Weniger Zucker bei Kuchen und Gebäck

Kuchen, Plätzchen und süße Teilchen enthalten meist große Mengen an Zucker. Besonders zuckerreich sind abgepackte Backwaren aus dem Supermarkt, dort stehen nicht selten Zucker und Glukosesirup ganz oben auf der Zutatenliste. Ein Stück Obstkuchen aus der Bäckerei ist da schon eine bessere Wahl. Wenn der Boden aus Hefeteig besteht, ist meist weniger Zucker enthalten als bei einem Rührkuchen.

Wer selbst bäckt ist natürlich klar im Vorteil. Besonders gut lässt sich Zucker sparen, wenn Sie Teige wählen, die mit wenig Zucker auskommen. Ein Quark-Öl-Teig oder Hefeteig braucht nicht viel Zucker, um gut zu gelingen. Ein Brandteig kommt traditionell ganz ohne Zucker aus. Das gilt auch für den Strudelteig – mit Apfelstücken, ein paar Rosinen, Zimt und gehackten Walnüssen wird daraus ein natursüßer Apfelstrudel. Wenn Sie einen Rührkuchen backen, können Sie die angegebene Zuckermenge in herkömmlichen Rezepten ohne Probleme um mindestens ein Drittel reduzieren. Bei einem Biskuitteig funktioniert das nicht, hier ist der Zucker wichtiger Gerüstbildner.

Alle Kuchen und Gebäcksorten werden wertvoller, wenn sie mit Vollkornmehl oder einem Mehl mit höherer Typezahl gebacken werden. Auch gemahlene Nüsse oder Mandeln bringen Ballaststoffe mit und verbessern den Geschmack der Backwaren. Mit frischen oder getrockneten Früchten verleihen Sie dem Kuchen

!

Sowohl Hefeteig als auch Quark-Öl-Teig kommen ohne viel Zucker aus.

neben Süße auch Ballaststoffe und ein feines Aroma. Nicht zuletzt verbessert die Zugabe von Gewürzen und Aromen den Kuchenteig: Zitrone, Zimt, Kardamom, Vanille oder Ingwer geben eine besondere Note.

Kekse und Kleingebäck sind immer kalorienreich. Es gibt in Bioläden, Reformhäusern und gut sortierten Supermärkten einige Produkte, die mit Vollkornmehl, Nüssen und wenig Süßungsmitteln zubereitet sind. Wenn Sie die Zutatenlisten im Blick haben, werden Sie diese Produkte finden und es auch schmecken. Wenn Sie Kekse und Kleingebäck selbst backen, können Sie bei einem Mürbteig Zucker reduzieren. Werden Nüsse mit verarbeitet, fällt das Zuckersparen noch leichter. Für das richtige Aroma sorgen Kakaopulver, lösliches Kaffeepulver sowie abgeriebene Orangen- oder Zitronenschale.

Selbstgebackene Kekse lassen sich leicht zuckerreduziert herstellen.

Auf einen Blick: So können Sie Zucker sparen

- Trinken Sie echte Durstlöscher! Wasser, Aromawasser und Tee stillen den Durst, ohne das Zuckerkonto zu belasten. Süße Getränke stehen ganz oben auf der Liste der zuckerreichen Lebensmittel.
- Sparen Sie schon beim Einkauf Zucker. Schauen Sie auf die Zutatenliste eines Lebensmittels: Hinter Begriffen wie Glukosesirup, Fruktose, Dextrose, Saccharose, Malzextrakt, Sirup, Raffinade, Invertzucker, Dicksaft oder Traubensüße versteckt sich nichts anderes als Zucker.
- Müslimischungen können wahre Kalorienbomben sein. Auch hier lohnt sich ein Blick auf die Zutatenliste. In ein gutes Müsli gehören Vollkornflocken, Nüsse, Samen und evtl. Trockenfrüchte. Frühstückszerealien sind immer zuckerreich und enthalten vergleichsweise wenig Ballaststoffe.
- Bereiten Sie Fruchtjoghurt oder Buttermilchfruchtgetränke selbst zu. Mit frischen Früchten je nach Jahreszeit enthalten sie nur einen Bruchteil des Zuckergehaltes von Fertigprodukten.
- Achten Sie auf Qualität. Ganz ehrlich: Die Schokokekse aus der Familienpackung sind nicht wirklich ein Genuss, oder? Ganz oben auf der Zutatenliste steht: Zucker, pflanzliche Fette, Fruktosesirup ... Gehen Sie auf die Suche nach echten Gaumenschmeichlern. Eine feine Praline, eine wirklich gute Schokolade oder ein Stück Torte vom Konditor sind etwas teurer, aber schon deshalb wertvoll, weil wir selten riesige Mengen davon verputzen.
- Smoothies aus dem Kühlregal enthalten oft viel mehr Zucker als die selbstgemachten Varianten. Aber es gibt Unterschiede. Prüfen Sie also auch hier genau, was auf der Flasche steht. Viele Produkte enthalten zum Beispiel 80 Prozent Apfelsaft und damit reichlich Zucker und wenig Ballaststoffe.
- Bei Fruchtriegeln, Energieriegeln und Müsliriegeln steht nicht selten Honig oder Zucker an erster Stelle der Zutaten, sie sind also sehr zuckerhaltig. Nüsse und frische oder getrocknete Früchte sind die besseren Energiespender.
- Viele Rezepte für Kuchen, Süßspeisen und Gebäck enthalten sehr viel Zucker. Fast alle funktionieren auch mit zwei Drittel der vorgegebenen Zuckermenge, probieren Sie es aus.

GETRÄNKE

Fruchtiger Eistee

Zubereitungszeit: 15 Minuten
Kühlzeit: 2 Stunden

Eine Portion (200 ml) enthält:

18 kcal/75 kJ	3 g Kohlenhydrate
0 g Eiweiß	0 g Ballaststoffe
0 g Fett	

Zutaten für 6 Gläser

3 Beutel Earl Grey

100 ml Aprikosensaft

100 ml Orangensaft

50 ml Zitronensaft

Eiswürfel

Zubereitung

1 l Wasser zum Kochen bringen. Die Teebeutel damit übergießen, den Tee nach Packungsangabe ziehen lassen und die Beutel herausnehmen.

Den Tee erkalten lassen. Mit den Säften mischen und auf Eiswürfeln servieren

TIPP

Wenn es schnell gehen soll, bereiten Sie den Tee mit 300 Milliliter kochendem Wasser zu und geben nach der Ziehzeit 700 Milliliter kaltes Wasser dazu.

Roter Eistee

Zubereitungszeit: 15 Minuten
Kühlzeit: 2 Stunden

Eine Portion (200 ml) enthält:

16 kcal/66 kJ	3 g Kohlenhydrate
0 g Eiweiß	0 g Ballaststoffe
0 g Fett	

Zutaten für 6 Gläser

2 Beutel Hibiskustee

1 walnussgroßes Stück Ingwer

2 Kardamomkapseln

200 ml Rhabarbersaft

Eiswürfel

Zubereitung

1 l Wasser zum Kochen bringen und den Hibiskustee damit übergießen.

Den Ingwer in Scheiben schneiden, die Kardamomkapseln zerdrücken und beides zugeben. 10 Minuten ziehen lassen, dann den Tee abgießen und abkühlen lassen.

Den Tee mit dem Rhabarbersaft mischen und auf Eiswürfeln servieren.

Ananas-Kokos-Drink

Zubereitungszeit: 10 Minuten
Ziehzeit: 1 Stunde

Eine Portion (200 ml) enthält:

19 kcal/80 kJ	3,5 g Kohlenhydrate
0 g Eiweiß	0 g Ballaststoffe
0 g Fett	

Zutaten für 6 Gläser

200 ml Kokoswasser

Saft von 1 Limette

3 Scheiben frische Ananas

Eiswürfel

Zubereitung

800 ml Wasser mit Kokoswasser und Limettensaft mischen. Die Ananas schälen, kleinschneiden und zugeben.
Den Drink 1 Stunde im Kühlschrank durchziehen lassen. Auf Eiswürfeln servieren.

Orange-Ingwer-Aromawasser

Rezeptfoto: Seite 63

Zubereitungszeit: 5 Minuten
Ziehzeit: 3 Stunden

Eine Portion enthält:

0 kcal/0 kJ	0 g Kohlenhydrate
0 g Eiweiß	0 g Ballaststoffe
0 g Fett	

Zutaten für 1 Liter

½ unbehandelte Orange

1 walnussgroßes Stück Ingwer

Zubereitung

Die Orange in dünne Scheiben schneiden. Den Ingwer ebenfalls in dünne Scheiben schneiden und beides in eine Karaffe geben.

Mit 1 l Wasser auffüllen und 3 Stunden ziehen lassen. Mit Eiswürfeln servieren.

Himbeer-Minze-Aromawasser

Rezeptfoto: Seite 63

Zubereitungszeit: 5 Minuten
Ziehzeit: 3 Stunden

Eine Portion enthält:

0 kcal/0 kJ	0 g Kohlenhydrate
0 g Eiweiß	0 g Ballaststoffe
0 g Fett	

Zutaten für 1 Liter

50 g Himbeeren

6 Zweige frische Minze

2 Scheiben einer unbehandelten Zitrone

Zubereitung

Himbeeren, Minze und Zitronenscheiben in eine Karaffe geben und mit 1 l Wasser auffüllen.

3 Stunden durchziehen lassen. Mit Eiswürfeln servieren.

Aromawasser mit Birne

Rezeptfoto: Seite 63

Zubereitungszeit: 5 Minuten
Ziehzeit: 1 Stunde

Eine Portion enthält:

0 kcal/0 kJ	0 g Kohlenhydrate
0 g Eiweiß	0 g Ballaststoffe
0 g Fett	

Zutaten für 1 Liter

½ Birne

1 Stiel Rosmarin

1 Zweig Minze

Zubereitung

Die Birne waschen, entkernen und in Scheiben schneiden. Mit Rosmarin und Minze in eine Karaffe geben und mit 1 l Wasser auffüllen. 1 Stunde ziehen lassen.

Apfeltee

Rezeptfoto: Seite 65

Zubereitungszeit: 15 Minuten

Eine Portion enthält:

0 kcal/0 kJ	0 g Kohlenhydrate
0 g Eiweiß	0 g Ballaststoffe
0 g Fett	

Zutaten für 1 Liter

2 rotschalige Äpfel

½ unbehandelte Zitrone

Zubereitung

Äpfel waschen, schälen und die Schalen in eine Teekanne geben. Mit 1 l kochendem Wasser übergießen und 10 Minuten ziehen lassen.

Einen Apfel entkernen und in Scheiben schneiden. Apfelscheiben und Zitronenscheiben in den Tee geben und servieren.

TIPP

Der Tee schmeckt im Sommer auch als Eistee. Dazu lassen Sie ihn abkühlen und servieren ihn auf Eiswürfeln.

Gewürzkakao

Zubereitungszeit: 10 Minuten

Eine Portion enthält:

189 kcal/775 kJ	16 g Kohlenhydrate
9 g Eiweiß	2,5 g Ballaststoffe
9 g Fett	

Zutaten für 1 Tasse à 200 ml

200 ml Vollmilch

1 EL Kakaopulver, ungezuckert

je 1 Msp. Zimt, Ingwer und Kardamom

1 TL Vanillezucker

Zubereitung

Die Milch in einem kleinen Topf erhitzen. Das Kakaopulver in einem Schälchen mit den Gewürzen vermischen und mit 1 EL heißem Wasser glattrühren. Zusammen mit dem Vanillezucker in die Milch einrühren.

TIPP

Wenn Sie mögen, servieren Sie den Kakao mit etwas frisch aufgeschäumter Milch oder mit Sahne.

Mandel-Eiskaffee

Rezeptfoto: Seite 67

Zubereitungszeit: 10 Minuten

Eine Portion enthält:

62 kcal/260 kJ	1 g Kohlenhydrate
2,5 g Eiweiß	1 g Ballaststoffe
5 g Fett	

Zutaten für 1 Glas à 200 ml

150 ml Mandelmilch

50 ml starker Kaffee, kalt

1 Msp. Zimt

Eiswürfel

Zubereitung

Mandelmilch mit Kaffee, Zimt und einigen Eiswürfeln im Mixer oder mit einem Pürierstab mixen.

Kirsch-Joghurt-Drink

Rezeptfoto: Seite 69

Zubereitungszeit: 10 Minuten

Eine Portion (250 ml) enthält:

123 kcal/510 kJ	21 g Kohlenhydrate
5 g Eiweiß	1 g Ballaststoffe
2 g Fett	

Zutaten für 2 Gläser

150 ml Kirschsaft

250 g Joghurt, 1,5 % Fett

½ Banane

100 ml Mineralwasser

Zubereitung

Alle Zutaten in einem Mixer oder mit dem Pürierstab mixen.

Melonendrink

Rezeptfoto: Seite 69

Zubereitungszeit: 10 Minuten

Eine Portion enthält:

93 kcal/389 kJ	20 g Kohlenhydrate
1,5 g Eiweiß	1 g Ballaststoffe
0 g Fett	

Zutaten für 2 Gläser

250 g Wassermelonen-Fruchtfleisch

150 g Cantaloupe-Melonen-Fruchtfleisch

Saft von 1 Zitrone

2 dünne Scheiben Ingwer

Zubereitung

Das Fruchtfleisch der beiden Melonen mit Zitronensaft und Ingwer mit dem Mixer oder Pürierstab mixen.

Papaya-Lassi

Rezeptfoto: Seite 71

Zubereitungszeit: 10 Minuten

Eine Portion enthält:

72 kcal/301 kJ	9,5 g Kohlenhydrate
2,5 g Eiweiß	2 g Ballaststoffe
2 g Fett	

Zutaten für 2 Gläser

200 g Papaya-Fruchtfleisch

1 EL Zitronensaft

100 g Joghurt, 3,5 % Fett

100 ml Mineralwasser

Zubereitung

Das Papaya-Fruchtfleisch mit Zitronensaft und Joghurt pürieren. Mineralwasser zugeben und untermixen. Sofort servieren.

TIPP

Statt Papaya können Sie auch Mango-Fruchtfleisch verwenden.

Kiwi-Smoothie

Rezeptfoto: Seite 71

Zubereitungszeit: 5 Minuten

Eine Portion enthält:

76 kcal/318 kJ	13 g Kohlenhydrate
0 g Eiweiß	3 g Ballaststoffe
0 g Fett	

Zutaten für 2 Gläser

2 Kiwis

100 ml Birnensaft, gekühlt

1 EL Limettensaft

200 ml Mineralwasser, gekühlt

Zubereitung

Kiwis schälen, in grobe Stücke schneiden und mit dem Birnensaft und Limettensaft in ein hohes Gefäß geben und alles fein pürieren.

Zum Schluss das Mineralwasser zugeben und untermixen. Sofort servieren.

Erdbeerkefir

Zubereitungszeit: 10 Minuten

Eine Portion enthält:

127 kcal/532 kJ 12 g Kohlenhydrate

5 g Eiweiß 2 g Ballaststoffe

5 g Fett

Zutaten für 2 Gläser

200 g Erdbeeren, frisch oder TK

5 Blätter frische Minze

250 g Kefir

Saft von 1 Orange

Zubereitung

Frische Erdbeeren waschen und putzen, TK-Erdbeeren auftauen. Zusammen mit Minze, Kefir und Orangensaft im Mixer oder mit dem Pürierstab fein pürieren.

FRÜHSTÜCK

Apfelbrötchen

Zubereitungszeit: 30 Minuten
Backzeit: 20 Minuten

Ein Brötchen enthält:

230 kcal/963 kJ   24 g Kohlenhydrate
6,5 g Eiweiß   3 g Ballaststoffe
11 g Fett

Zutaten für 8 Brötchen

2 Äpfel

1 EL Zitronensaft

150 g Quark

6 EL Milch

8 EL Öl

300 g Dinkel-Vollkornmehl

1 Pck. Backpulver

1 Prise Salz

je 1 Prise Zimt und Kardamom

2 EL Milch zum Bestreichen

2 EL Sesam zum Bestreuen

Zubereitung

Die Äpfel waschen, vierteln und vom Kerngehäuse befreien. Auf einer groben Reibe reiben und mit dem Zitronensaft vermischen.

Den Backofen auf 200 °C Ober-/Unterhitze vorheizen (Umluft ist nicht empfehlenswert).

Quark, Milch und Öl in eine Schüssel geben. Gesiebtes Mehl, Backpulver, Salz, Zimt und Kardamom zugeben und alles mit den Knethaken eines Mixers verkneten. Zum Schluss die Apfelraspel unterkneten.

Aus dem Teig 8 Brötchen formen und auf ein mit Backpapier ausgelegtes Backblech legen. Mit Milch bestreichen und mit Sesam bestreuen.

Die Brötchen im vorgeheizten Backofen 20 Minuten backen.

Blaubeermuffins

Rezeptfoto: Seite 75

Zubereitungszeit: 15 Minuten
Backzeit: 25 Minuten

Ein Muffin enthält:

206 kcal/862 kJ	26 g Kohlenhydrate
5,5 g Eiweiß	3 g Ballaststoffe
8 g Fett	

Zutaten für 12 Muffins

300 g Weizenmehl Type 1050

1 Pck. Backpulver

75 g Haferflocken

1 Prise Salz

80 ml Öl

300 ml Buttermilch

40 g Honig

1 Ei

250 g Blaubeeren, frisch oder TK

Zubereitung

Den Backofen auf 180 °C (Umluft 160 °C) vorheizen.

Mehl mit Backpulver in eine Schüssel sieben. Haferflocken und Salz dazugeben und alles trocken vermischen.

In einer zweiten Schüssel Öl, Buttermilch, Honig und Ei verquirlen. Die Masse mit einem Schneebesen zügig unter die Mehlmischung rühren. Zum Schluss die Blaubeeren unterheben.

Den Teig in zwölf Muffinförmchen füllen und die Muffins 25 Minuten backen.

Müslistangen

Rezeptfoto: Seite 77

Zubereitungszeit: 15 Minuten
Gehzeit: 70 Minuten
Backzeit: 25 Minuten

Eine Müslistange enthält:

219 kcal/917 kJ	28 g Kohlenhydrate
7 g Eiweiß	4 g Ballaststoffe
8 g Fett	

Zutaten für 10 Stangen

200 ml Mandelmilch

50 g Butter

300 g Dinkelmehl

1 Prise Salz

1 Pck. Trockenhefe

100 g Haferflocken

50 g Sonnenblumenkerne

50 g getrocknete Sauerkirschen oder Rosinen

Zubereitung

Die Mandelmilch in einem Topf erhitzen und die Butter darin schmelzen.

Mehl in eine Schüssel sieben, mit Salz und Hefe vermischen. Milch mit geschmolzener Butter mischen, Haferflocken, Sonnenblumenkerne und getrocknete Kirschen bzw. Rosinen zugeben. Alles mit den Knethaken eines Mixers zu einem glatten Teig verkneten.

Den Teig zugedeckt an einem warmen Ort ca. 50 Minuten gehen lassen. Noch einmal mit den Händen kräftig durchkneten und 10 Müslistangen formen. Die Stangen auf ein mit Backpapier ausgelegtes Blech legen und abgedeckt nochmals 20 Minuten gehen lassen.

Den Backofen auf 200 °C (Umluft 180 °C) vorheizen. Die Müslistangen 20 bis 25 Minuten backen.

Cashew-Schoko-Creme
Rezeptfoto: Seite 79

Zubereitungszeit: 10 Minuten
Einweichzeit: 30 Minuten

Eine Portion (30 g) enthält:

115 kcal/481 kJ	6 g Kohlenhydrate
3,5 g Eiweiß	1 g Ballaststoffe
8,5 g Fett	

Zutaten für 1 Glas

100 ml Milch

100 g Cashewkerne

40 g Zartbitterschokolade

1 TL Öl

1 TL Kakao

1 Prise Zimt

Zubereitung

Die Milch zum Kochen bringen und über die Cashewkerne gießen. 30 Minuten einweichen lassen, dann mit dem Pürierstab zu einer glatten Masse verrühren.

Die Zartbitterschokolade schmelzen und zusammen mit Öl, Kakaopulver und Zimt unter die Cashewcreme mixen.

In ein Schraubglas füllen und kühl aufbewahren.

TIPP

Der Schokoaufstrich schmeckt auch gut mit Walnüssen oder Haselnüssen. Gut verschlossen und kühl gelagert hält er sich ungefähr drei Wochen.

Fruchtiger Möhrenaufstrich

Zubereitungszeit: 25 Minuten

Eine Portion (30 g) enthält:

41 kcal/172 kJ	3 g Kohlenhydrate
1 g Eiweiß	1 g Ballaststoffe
2,5 g Fett	

Zutaten für 1 Glas

200 g Möhren

1 TL abgeriebene Orangenschale

100 ml Orangensaft

1 Msp. gemahlener Ingwer

50 g geriebene Haselnüsse

Zubereitung

Die Möhren schälen und in Scheiben schneiden. Mit der Orangenschale und dem Orangensaft in einem kleinen Kochtopf weich dünsten und etwas abkühlen lassen. Ingwer zugeben und alles pürieren. Die Haselnüsse untermengen und den Aufstrich in einem fest verschlossenen Gefäß im Kühlschrank aufbewahren.

Cremiger Orangenaufstrich

Rezeptfoto: Seite 81

Zubereitungszeit: 5 Minuten

Eine Portion enthält:

54 kcal/224 kJ	1 g Kohlenhydrate
1,5 g Eiweiß	0 g Ballaststoffe
4,5 g Fett	

Zutaten für 10 Portionen

150 g Frischkäse

1 Bio-Orange

1 TL Agavensirup

Zubereitung

Die Möhren schälen und in Scheiben schneiden. Mit der Orangenschale und dem Orangensaft in einem kleinen Kochtopf weich dünsten und etwas abkühlen lassen. Ingwer zugeben und alles pürieren. Orange kurz mit heißem Wasser abspülen und trockenreiben. Auf einer feinen Reibe 1 EL der orangefarbenen Schale abreiben. Abgeriebene Schale und Sirup miteinander vermischen, dann zum Frischkäse geben und cremig rühren.

Die Orange halbieren, auspressen und etwas von dem Orangensaft dazugeben, bis der Frischkäse schön cremig ist.

Frisches Powermüsli
Rezeptfoto: Seite 83

Zubereitungszeit: 15 Minuten
Einweichzeit: über Nacht

Eine Portion enthält:

247 kcal/1034 kJ	44 g Kohlenhydrate
12 g Eiweiß	12 g Ballaststoffe
22 g Fett	

Zutaten für 2 Portionen

6 EL geschroteter Vollkornweizen

1 Apfel

3 EL grob gehackte Mandeln

3 EL grob gehackte Walnüsse

1 EL Leinsamen

1 Birne

50 g rote Weintrauben

Zubereitung

Den Weizen mit 200 ml Wasser bedecken und über Nacht einweichen.

Am nächsten Morgen den Apfel waschen, vom Kerngehäuse befreien und grob raspeln. Die Apfelraspel unter den Weizen rühren, Mandeln, Nüsse und Leinsamen untermischen.

Die Birne waschen, vom Kerngehäuse befreien und in mundgerechte Stücke schneiden. Die Weintrauben waschen und halbieren. Zu dem Müsli servieren.

TIPP

Der geriebene Apfel macht das Müsli locker. Die übrigen Obstsorten können nach Jahreszeit variiert werden.

Knuspermüsli

Rezeptfoto: Seite 83

Zubereitungszeit: 10 Minuten

Eine Portion enthält:

178 kcal/745 kJ	26 g Kohlenhydrate
5 g Eiweiß	3,5 g Ballaststoffe
5 g Fett	

Zutaten für 10 Portionen

150 g Buchweizen

100 g Dinkelflakes, ungesüßt

150 g Haferflocken

50 g Kokoschips

Zubereitung

Den Buchweizen in einer Pfanne ohne Fettzugabe rösten, bis er anfängt zu duften. Abkühlen lassen.

Mit den Dinkelflocken, Haferflocken und Kokoschips vermischen und in einer fest verschlossenen Dose aufbewahren.

TIPP

Sowohl das Knuspermüsli als auch das Nussmüsli wird mit frischem Obst und Milch oder Joghurt zu einem vollwertigen Frühstück.

Feines Nussmüsli

Zubereitungszeit: 20 Minuten

Eine Portion enthält:

213 kcal/892 kJ	13 g Kohlenhydrate
7 g Eiweiß	3 g Ballaststoffe
14 g Fett	

Zutaten für 10 Portionen

100 g Cashewkerne

100 g Dinkelflocken

50 g Amaranth, gepoppt

50 g Pekannüsse

50 g gehackte Haselnüsse

50 g gehackte Mandeln

Zubereitung

Die Cashewkerne in einer Pfanne ohne Fett rösten, bis sie leicht Farbe annehmen. Abkühlen lassen.

Die Kerne mit den übrigen Zutaten vermischen und die Mischung in einer fest verschlossenen Dose aufbewahren.

Heidelbeer-Porridge

Zubereitungszeit: 10 Minuten

Eine Portion enthält:
338 kcal/1415 kJ   36,5 g Kohlenhydrate
14 g Eiweiß   6,5 g Ballaststoffe
13g Fett

Zutaten für 2 Portionen

8 geh. EL Haferflocken, blütenzart (ca. 60 g)

500 ml Milch

1 Prise Salz

125 g Heidelbeeren, frisch oder TK

1 TL gehobelte Haselnüsse

Zubereitung

Die Haferflocken mit Milch und Salz aufkochen und ca. 3 Minuten zugedeckt stehen lassen. Mit den Heidelbeeren und Haselnüssen mischen und servieren.

Porridge mit Backobst

Zubereitungszeit: 10 Minuten
Einweichzeit: 60 Minuten

Eine Portion enthält:
399 kcal/1671 kJ   49 g Kohlenhydrate
15 g Eiweiß   6 g Ballaststoffe
14 g Fett

Zutaten für 2 Portionen

50 g gemischtes Backobst

1 kleines Stück Zimtstange

8 geh. EL Haferflocken, blütenzart (ca. 60 g)

2 EL gemahlene Mandeln

500 ml Milch

1 Prise Salz

Zubereitung

Das Backobst bei Bedarf klein schneiden, mit ca. 200 ml kochendem Wasser übergießen. Die Zimtstange zugeben und das Obst abgedeckt eine Stunde einweichen lassen.

Die Haferflocken mit den Mandeln, der Milch und Salz einmal aufkochen und 3 Minuten abgedeckt stehen lassen. Mit dem Obst mischen und servieren.

Brombeer-Aprikosen-Aufstrich, kalt gerührt

Rezeptfoto: Seite 87

Zubereitungszeit: 10 Minuten
Ziehzeit: 1 Stunde
Einweichzeit: 20 Minuten

Eine Portion (30 g) enthält:

27 kcal/113 kJ	5 g Kohlenhydrate
0 g Eiweiß	1 g Ballaststoffe
0 g Fett	

Zutaten für 2 Gläser

80 g getrocknete Aprikosen

350 g Brombeeren, frisch oder TK

1 EL Honig

2 TL Johannisbrotkernmehl

Zubereitung

Die getrockneten Aprikosen in 6 EL warmem Wasser 20 Minuten einweichen, dann abgießen.

Brombeeren waschen bzw. auftauen lassen. Mit den Aprikosen, Honig und Johannisbrotkernmehl im Mixer oder mit dem Pürierstab zu einer glatten Masse verrühren.

Den Aufstrich in ein heiß ausgespültes Glas füllen und im Kühlschrank aufbewahren.

Johannisbeeraufstrich, kalt gerührt

Rezeptfoto: Seite 87

Zubereitungszeit: 10 Minuten

Eine Portion (30 g) enthält:

24 kcal/100 kJ	4 g Kohlenhydrate
0 g Eiweiß	1,5 g Ballaststoffe
0 g Fett	

Zutaten für 1 Glas

250 g rote Johannisbeeren

5 Datteln, getrocknet

1 Banane

1 TL Johannisbrotkernmehl

Zubereitung

Johannisbeeren waschen und von den Stielen zupfen. Zusammen mit den Datteln, der Banane und dem Johannisbrotkernmehl mit dem Pürierstab zu einer glatten Creme mixen.

Den Aufstrich in ein Glas füllen und im Kühlschrank aufbewahren.

TIPP

Die kalt gerührten Aufstriche halten sich im Kühlschrank etwa eine Woche. Um sie länger haltbar zu machen, können Sie sie auch einfrieren.

Aprikosenaufstrich

Rezeptfoto: Seite 87

Zubereitungszeit: 20 Minuten
Backzeit: 2 Stunden

Eine Portion (30 g) enthält:

19 kcal/80 kJ	4 g Kohlenhydrate
0 g Eiweiß	0,5 g Ballaststoffe
0 g Fett	

Zutaten für 2 Gläser

750 g Aprikosen

1 Vanilleschote

50 g Agavensirup

Zubereitung

Die Aprikosen entsteinen, in kleine Stücke schneiden und in eine Auflaufform geben. Die Vanilleschote aufschneiden und das Mark herauskratzen. Vanillemark und -schote mit dem Agavensirup zu den Aprikosen geben, alles gut mischen und 1 Stunde durchziehen lassen. Den Backofen auf 180 °C vorheizen.
Die Aprikosen 2 Stunden im Backofen einkochen, dabei alle 30 Minuten umrühren. Die Masse pürieren und in heiß ausgespülte Gläser füllen.

Schnelles Pflaumenmus

Zubereitungszeit: 5 Minuten

Eine Portion (30 g) enthält:

40 kcal/167 kJ	8 g Kohlenhydrate
0 g Eiweiß	2 g Ballaststoffe
0 g Fett	

Zutaten für 1 Glas

100 g Pflaumen, getrocknet

125 ml Apfelsaft

1 TL Zitronensaft

1 Msp. Zimt

Zubereitung

Die Pflaumen mit Apfelsaft, Zitronensaft und Zimt im Mixer oder mit dem Pürierstab zu einem glatten Mus verarbeiten. In ein heiß ausgespültes Schraubglas füllen und kühl aufbewahren.

TIPP

Wenn die Pflaumen besonders fest sind, sollten Sie sie etwa 1 Stunde in dem Apfelsaft einweichen. Dann lassen sie sich leichter verarbeiten.

SÜSSE SNACKS UND DESSERTS

Maisgrieß mit Brombeeren

Zubereitungszeit: 10 Minuten
Garzeit: 10 Minuten

Eine Portion enthält:

282 kcal/1181 kJ	36 g Kohlenhydrate
5 g Eiweiß	7 g Ballaststoffe
11 g Fett	

Zutaten für 2 Portionen

1 Prise Salz

60 g feiner Maisgrieß

100 ml Milch

1 EL Honig

evtl. etwas Limetten- oder Zitronensaft

2 EL Kokosflocken

200 g Brombeeren

Zubereitung

200 ml Wasser mit Salz zum Kochen bringen, den Maisgrieß unter Rühren einstreuen und etwa 10 Minuten ausquellen lassen. Milch und Honig unterrühren, nach Geschmack etwas Limetten- oder Zitronensaft dazugeben. Den Grieß in zwei Schälchen füllen.

Die Brombeeren waschen, verlesen, mit den Kokosflocken mischen und auf dem Grieß verteilen.

TIPP

Keine Brombeersaison? Alternativ können Sie frische Beeren der Saison oder aufgetaute Tiefkühl-Beeren verwenden.

Haselnusspudding mit Mangosoße

Rezeptfoto: Seite 91

Zubereitungszeit: 20 Minuten

Eine Portion enthält:

256 kcal/1072 kJ	26 g Kohlenhydrate
7 g Eiweiß	2 g Ballaststoffe
13 g Fett	

Zutaten für 2 Portionen

25 g gemahlene Haselnüsse

250 ml Milch

25 g Speisestärke

1 TL Honig

1 Msp. Vanillemark

120 g Mango-Fruchtfleisch

1 EL Limettensaft

Zubereitung

Die Haselnüsse in einem Topf rösten, bis sie anfangen zu duften. Von der Milch 3 EL abnehmen, restliche Milch zu den Nüssen gießen und zum Kochen bringen. Die Speisestärke mit 3 EL kalter Milch anrühren und in die kochende Nussmilch geben. Unter Rühren einmal gut durchkochen lassen, dann von der Kochstelle nehmen.

Honig und Vanillemark unter den Pudding rühren. Abkühlen lassen, dabei ab und zu umrühren.

Für die Soße das Mango-Fruchtfleisch mit dem Limettensaft fein pürieren. Wenn die Soße zu dick ist, noch 1–2 EL Wasser zugeben. Zum Haselnusspudding servieren.

Joghurt mit Dattel-Nuss-Topping

Rezeptfoto: Seite 91

Zubereitungszeit: 15 Minuten

Eine Portion enthält:

371 kcal/1553 kJ	30 g Kohlenhydrate
8 g Eiweiß	3,5 g Ballaststoffe
24 g Fett	

Zutaten für 2 Portionen

2 große Datteln (oder 4 kleinere)

1 Apfel

1 TL Zitronensaft

1 EL Cashewkerne

1 EL Walnüsse

1 Msp. Zimt

300 g griechischer Sahnejoghurt

Zubereitung

Die Datteln entkernen und fein hacken. Den Apfel waschen, vom Kerngehäuse befreien und auf einer groben Reibe raspeln. Mit Zitronensaft beträufeln.

Cashewkerne und Walnüsse fein hacken, mit Zimt, Apfelraspeln und Datteln vermischen.

Den Joghurt in zwei Glasschälchen geben und das Dattel-Nuss-Topping darauf verteilen.

Hirsecreme mit Orangen

Zubereitungszeit: 15 Minuten
Garzeit: 10 Minuten

Eine Portion enthält:

304 kcal/1273 kJ	29 g Kohlenhydrate
6 g Eiweiß	4 g Ballaststoffe
17 g Fett	

Zutaten für 2 Portionen

60 g Hirseflocken

2 Orangen

60 g Sahne

2 EL gemahlene Haselnüsse

Zubereitung

Die Hirseflocken mit 200 ml kochendem Wasser übergießen und 10 Minuten quellen lassen. Zur Seite stellen und abkühlen lassen.

Die Orangen schälen, filetieren und den Saft auffangen. Die Sahne steif schlagen, die Haselnüsse unterrühren.

Nusssahne unter die Hirse heben. Orangenfilets und -saft auf der Hirsecreme verteilen und servieren.

Kirschgrütze
mit Kokoscreme

Zubereitungszeit: 15 Minuten

Eine Portion enthält:

266 kcal/1114 kJ	40 g Kohlenhydrate
9 g Eiweiß	6 g Ballaststoffe
6 g Fett	

Zutaten für 2 Portionen

150 ml Apfelsaft

½ Vanilleschote

2 TL Speisestärke

300 g Sauerkirschen, TK

100 g Quark

50 ml Kokosmilch

1 TL Agavensirup

Zubereitung

Den Apfelsaft zum Kochen bringen. Die Vanilleschote aufschneiden, das Mark herauskratzen und beides zum Saft geben.

Die Stärke mit wenig kaltem Wasser glattrühren. In den kochenden Apfelsaft rühren und einmal aufkochen lassen. Die Kirschen zugeben und abkühlen lassen.

Für die Kokoscreme den Quark mit Kokosmilch und Agavensirup verrühren. Zu der Grütze servieren.

Birnentörtchen mit Schokosoße

Rezeptfoto: Seite 95

Zubereitungszeit: 40 Minuten
Backzeit: 30 Minuten

Eine Portion enthält:

258 kcal/1080 kJ	18 g Kohlenhydrate
8 g Eiweiß	4 g Ballaststoffe
15 g Fett	

Zutaten für 4 Portionen

4 Birnen

1 EL Zitronensaft

2 Eier

50 g Butter

1 EL Honig

50 g Schwarzbrot

75 g gemahlene Mandeln

Butter zum Einfetten der Formen

50 g Zartbitterkuvertüre

100 ml Milch

1 Prise Salz

TIPP

Statt der Förmchen können Sie auch eine Auflaufform verwenden.

Zubereitung

Die Birnen im Ganzen schälen und das Kerngehäuse von unten herausschneiden. Zitronensaft und 100 ml Wasser in einen kleinen Kochtopf geben und die Birnen darin bei geschlossenem Deckel etwa 10 Minuten dünsten. Herausnehmen und abkühlen lassen.

Für die Mandelmasse die Eier trennen. Eigelb mit Butter und Honig cremig rühren. Eiweiß steif schlagen. Das Schwarzbrot auf einer Reibe oder in der Küchenmaschine fein reiben. Schwarzbrotkrümel und Mandeln unter die Buttermasse rühren. Den Eischnee unterheben.

Backofen auf 180 °C Ober-/Unterhitze vorheizen (Umluft nicht empfehlenswert). Vier kleine Auflaufformen fetten und die Masse darauf verteilen. Jeweils eine Birne in die Mitte geben. Im vorgeheizten Backofen 30 Minuten backen.

Für die Soße die Kuvertüre fein hacken. Milch mit Salz erhitzen und die Kuvertüre darin schmelzen lassen. Die Soße etwas abkühlen lassen und zu den Törtchen servieren.

Himbeertiramisu
Rezeptfoto: Seite 97

Zubereitungszeit: 20 Minuten
Kühlzeit: 1 Stunde

Eine Portion enthält:

371 kcal/1553 kJ	16 g Kohlenhydrate
8 g Eiweiß	2,5 g Ballaststoffe
31 g Fett	

Zutaten für 4 Portionen

12 Vollkorn-Dinkelkekse

1 TL Akazienhonig

1 Espresso

120 g Himbeeren

150 g Sahne

150 g Mascarpone

1 TL Akazienhonig

1 Msp. Vanillemark

50 ml Orangensaft

2 EL gehackte Mandeln

Zubereitung

Die Kekse in Stücke brechen und auf vier Portionsschälchen verteilen. Den Akazienhonig mit dem Espresso mischen und die Kekse damit tränken. Vier Himbeeren beiseitelegen, die restlichen Himbeeren auf die Schälchen verteilen.

Sahne steif schlagen, Mascarpone mit Honig, Vanillemark und Orangensaft glatt rühren, Sahne unterheben und ebenfalls auf die Gläser verteilen. Das Tiramisu 1 Stunde im Kühlschrank durchziehen lassen.

Die Mandeln in einer Pfanne ohne Fettzugabe rösten und das Tiramisu mit den beiseitegelegten Himbeeren und Mandeln garnieren.

TIPP

Sie können auch TK-Himbeeren verwenden. Diese lassen Sie vor dem Verarbeiten 10 Minuten auftauen.

Mandarinenmousse mit Feigensoße

Zubereitungszeit: 20 Minuten
Kühlzeit: 3 ½ Stunden

Eine Portion enthält:

301 kcal/1260 kJ	21 g Kohlenhydrate
9,5 g Eiweiß	3 g Ballaststoffe
18,5 g Fett	

Zutaten für 4 Portionen

4 Blatt Gelatine

4 Mandarinen

1 TL abgeriebene Zitronenschale

250 g Kefir

200 ml Sahne

80 g getrocknete Feigen

1 Msp. Kardamom

Zubereitung

Die Gelatine in kaltem Wasser einweichen.

Die Mandarinen auspressen und 120 ml Saft auffangen. Die Zitronenschale einrühren und den Saft einmal aufkochen. Die Gelatine darin auflösen, etwa 10 Minuten abkühlen lassen, dann den Kefir unterrühren. Im Kühlschrank erkalten lassen, bis die Masse anfängt zu gelieren.

Sahne steif schlagen und unter die Masse rühren. Die Mousse in vier kalt ausgespülte Förmchen füllen und für 3 Stunden in den Kühlschrank stellen.

Für die Feigensoße die Feigen mit 150 ml Wasser und Kardamom pürieren. Die Mandarinenmousse stürzen und mit der Soße servieren.

Schwarzwälder-Kirsch-Dessert

Zubereitungszeit: 15 Minuten
Auftauzeit: 20 Minuten

Eine Portion enthält:

249 kcal/1043 kJ	24 g Kohlenhydrate
11 g Eiweiß	2,5 g Ballaststoffe
11 g Fett	

Zutaten für 2 Portionen

120 g Kirschen, TK

1 TL Speisestärke

80 ml Apfelsaft

150 g Quark

50 g Joghurt

1 EL Zartbitterschokolade, geraspelt

1 Scheibe Pumpernickel

Zubereitung

Kirschen auftauen lassen. Die Stärke mit dem Apfelsaft verrühren und in einem Topf unter Rühren einmal aufkochen. Kirschen zugeben und das Ganze abkühlen lassen.

Quark mit Joghurt und Schokolade verrühren. Pumpernickel zerbröseln.

Kirschen, Quark und Pumpernickel in zwei Gläser schichten.

Heidelbeer-Bananen-Joghurt

Zubereitungszeit: 5 Minuten
Auftauzeit: 30 Minuten

Eine Portion enthält:

163 kcal/682 kJ	16 g Kohlenhydrate
9 g Eiweiß	4,5 g Ballaststoffe
5 g Fett	

Zutaten für 2 Portionen

120 g Heidelbeeren, TK

1 Banane

200 g Sojajoghurt

1 TL Zitronensaft

Zubereitung

Die Heidelbeeren auftauen lassen. Die Banane in Scheiben schneiden.

Sojajoghurt mit Zitronensaft verrühren, Heidelbeeren und Bananen untermischen.

Karibik-Ricotta

Zubereitungszeit: 10 Minuten

Eine Portion enthält:

298 kcal/1247 kJ   29,5 g Kohlenhydrate

16,5 g Eiweiß   6 g Ballaststoffe

1 g Fett

Zutaten für 2 Portionen

250 g Ricotta

100 ml Kokosmilch

1 Banane

150 g Ananas

2 getrocknete Aprikosen

Zubereitung

Den Ricotta mit der Kokosmilch sehr glatt rühren, das geht am besten mit einem Schneebesen.

Banane und Ananas in mundgerechte Stücke schneiden. Aprikosen sehr fein hacken und unter das Obst mischen.

Die Ricottacreme in eine Glasschüssel geben und das Obst unterheben.

Milchreis mit Rhabarber-Erdbeer-Kompott

Zubereitungszeit: 40 Minuten

Eine Portion enthält:

284 kcal/1189 kJ	49 g Kohlenhydrate
7 g Eiweiß	3,5 g Ballaststoffe
5 g Fett	

Zutaten für 4 Portionen

500 ml Milch

½ Vanilleschote

120 g Rundkornreis

200 g Rhabarber

125 g Erdbeeren

1 Banane

2 EL Speisestärke

200 ml Apfelsaft

Zubereitung

Die Milch zum Kochen bringen. Vanilleschote aufschneiden und das Mark herauskratzen. Vanillemark und -schote zur Milch geben. Den Reis einstreuen und bei geringer Hitze 30 Minuten ausquellen lassen. Dabei ab und zu umrühren.

Inzwischen Rhabarber und Erdbeeren waschen, putzen und klein schneiden. Banane ebenfalls klein schneiden.

Stärke mit 4 EL Apfelsaft anrühren. Die Früchte in dem restlichen Apfelsaft aufkochen, bis sie weich sind. Die angerührte Stärke zügig unterrühren und nochmal kurz aufkochen.

Das Kompott zum Milchreis servieren.

TIPP

Für das Kompott können Sie auch Tiefkühlobst verwenden. Lassen Sie es vor dem Verarbeiten etwas antauen und verlängern Sie die Garzeit entsprechend.

Bananen-Pancakes

Rezeptfoto: Seite 103

Zubereitungszeit: 20 Minuten

Eine Portion enthält:

389 kcal/1629 kJ	38 g Kohlenhydrate
11 g Eiweiß	3 g Ballaststoffe
21 g Fett	

Zutaten für 2 Portionen

1 EL Butter

1 Banane

100 ml Buttermilch

1 Ei

60 g Mehl

½ TL Backpulver

20 g gemahlene Walnüsse

Öl zum Braten

1 EL Ahornsirup

Zubereitung

Die Butter zerlassen, die Banane zerdrücken.

Buttermilch, Bananenmus, Butter, Ei, Mehl, Backpulver und Walnüsse verrühren und den Teig 10 Minuten ruhen lassen.

Wenig Öl in einer Pfanne erhitzen und kleine Pancakes ausbacken. Mit Ahornsirup beträufeln.

Schoko-Pancakes

Rezeptfoto: Seite 103

Zubereitungszeit: 20 Minuten

Eine Portion enthält:

349 kcal/1461 kJ	28 g Kohlenhydrate
11 g Eiweiß	3 g Ballaststoffe
21 g Fett	

Zutaten für 2 Portionen

1 Ei

1 Prise Salz

60 g Dinkelmehl

1 TL Backpulver

75 ml Milch

1 EL Kakao

Öl zum Braten

1 EL Ahornsirup

Zubereitung

Das Ei trennen. Eiweiß steif schlagen. Eigelb mit Salz, Mehl, Backpulver, Milch und Kakao verrühren. Den Eischnee unterheben und den Teig 10 Minuten ruhen lassen. Wenig Öl in einer Pfanne erhitzen und kleine Pancakes ausbacken. Mit Ahornsirup beträufeln.

TIPP

Die Schoko-Pancakes schmecken wunderbar mit frischen Erdbeeren oder Aprikosenkompott. Sie können sie auch mit etwas flüssiger Zartbitterschokolade beträufeln.

Sauerrahm-Pancakes

Zubereitungszeit: 20 Minuten

Eine Portion enthält:

422 kcal/1768 kJ	35 g Kohlenhydrate
10 g Eiweiß	1 g Ballaststoffe
27 g Fett	

Zutaten für 2 Portionen

1 EL Butter

75 g Dinkelmehl

½ TL Backpulver

100 g Sauerrahm (Schmand)

2 EL Milch

1 Ei

1 TL abgeriebene Zitronenschale

Öl zum Ausbacken

1 EL Agavensirup

Zubereitung

Die Butter zerlassen. In einer Schüssel Mehl, Backpulver, Butter, Sauerrahm, Milch, Ei und Zitronenschale gut verrühren. Den Teig 10 Minuten ruhen lassen.

Mit wenig Öl in einer Pfanne kleine Pfannkuchen ausbacken. Mit Agavensirup servieren.

Haferpuffer mit Pflaumenkompott

Zubereitungszeit: 35 Minuten

Eine Portion enthält:

630 kcal/2638 kJ	62 g Kohlenhydrate
21 g Eiweiß	11 g Ballaststoffe
30 g Fett	

Zutaten für 2 Portionen

50 g gehackte Mandeln

100 g kernige Haferflocken

25 g Sonnenblumenkerne

1 EL Mehl

1 Prise Salz

1 Ei

1 EL Agavensirup

50 g Crème fraîche

2–3 EL Rapsöl

250 g reife Pflaumen

50 ml Apfelsaft

Zubereitung

Mandeln, Haferflocken, Sonnenblumenkerne, Mehl und Salz in einer Schüssel vermischen. Ei mit Agavensirup und Crème fraîche verrühren und dazu geben. Alles gut zu einer weichen Masse vermengen.

Öl in einer Pfanne erhitzen und Puffer ausbacken.

Die Pflaumen entkernen und in kleine Stücke schneiden. Den Apfelsaft in einem Topf erhitzen und die Pflaumen darin weich dünsten. Zu den Puffern servieren.

Melonensalat mit Quarknocken

Zubereitungszeit: 25 Minuten
Quellzeit: 60 Minuten

Eine Portion enthält:

318 kcal/1331 kJ	33,5 g Kohlenhydrate
15 g Eiweiß	2 g Ballaststoffe
13 g Fett	

Zutaten für 4 Portionen

200 g Wassermelonen-Fruchtfleisch

300 g Honigmelonen-Fruchtfleisch

50 ml Maracujasaft

2 Stiele frische Minze

30 g Butter

250 g Quark

5 EL Semmelbrösel

3 EL Vollkorngrieß

2 Eier

1 TL Zitronensaft

Salz

Zubereitung

Fruchtfleisch der Melonen in mundgerechte Stücke schneiden. Die Minzeblättchen abzupfen und hacken. In einer Glasschüssel Melone mit Maracujasaft und Minze vermischen und kalt stellen.

Die Butter zerlassen. Den Quark mit Semmelbröseln, Grieß, Butter, Eiern und Zitronensaft verrühren und 30 Minuten quellen lassen.

In einem weiten Topf Wasser mit einer Prise Salz zum Kochen bringen. Von der Quarkmasse mit zwei Esslöffeln Nocken abstechen und diese 10 Minuten in leicht siedendem Wasser garen. Mit einer Schaumkelle herausnehmen und abkühlen lassen.

Die Käsenocken auf dem Melonensalat anrichten.

Espresso-Energiekugeln

Rezeptfoto: Seite 107

Zubereitungszeit: 20 Minuten

Eine Kugel enthält:

39 kcal/163 kJ	4 g Kohlenhydrate
1 g Eiweiß	1 g Ballaststoffe
2 g Fett	

Zutaten für 20 Kugeln

50 g Haferflocken

50 g Walnüsse

60 g getrocknete Datteln

40 ml Espresso

1 Prise Kardamom

1 Prise Salz

Zubereitung

Haferflocken und Walnüsse in einer Pfanne ohne Zugabe von Fett rösten. Etwas abkühlen lassen und im Blitzhacker zerkleinern. 2 EL davon wegnehmen und beiseite stellen.

Die Datteln entsteinen, in kleine Stücke schneiden und zur Haferflocken-Nuss-Mischung geben. Espresso, Kardamom und Salz zugeben und alles zu einer glatten Masse verarbeiten.

Mit feuchten Händen Kugeln formen und in der Haferflocken-Nuss-Mischung wälzen.

Schokokugeln

Rezeptfoto: Seite 107

Zubereitungszeit: 20 Minuten

Eine Kugel enthält:

73 kcal/306 kJ	7 g Kohlenhydrate
2 g Eiweiß	2 g Ballaststoffe
3,5 g Fett	

Zutaten für 20 Kugeln

100 g getrocknete Datteln

120 g Mandeln

1 Prise Salz

25 g Kakaopulver

1 Msp. Zimt

1 EL Kakaopulver zum Wälzen

Zubereitung

Datteln, Mandeln, Salz, Kakao und Zimt in einen Blitzhacker geben und zerkleinern.

Aus der Masse mit feuchten Händen 20 Kugeln formen und in Kakaopulver wälzen.

Aprikosenpralinen

Rezeptfoto: Seite 107

Zubereitungszeit: 20 Minuten

Eine Praline enthält:

49 kcal/205 kJ	8 g Kohlenhydrate
1 g Eiweiß	2 g Ballaststoffe
3 g Fett	

Zutaten für 15 Pralinen

100 g getrocknete Aprikosen

50 g gemahlene Mandeln

1 EL abgeriebene Orangenschale

1 Prise Salz oder Fleur de Sel

2 EL Kokosraspel

Zubereitung

Die Aprikosen mit Mandeln, Orangenschale und Salz pürieren. Aus der Masse Kugeln formen. Sollte die Masse zu feucht sein, noch mehr Mandeln unterkneten. Die Kugeln in Kokosraspeln wälzen.

TIPP

Fleur de Sel ist ein mildes Meersalz. Es gibt süßen Speisen ein feineres Aroma.

Exotic-Kokoseis

Rezeptfoto: Seite 109

Zubereitungszeit: 10 Minuten
Gefrierzeit: 3 Stunden

Eine Portion enthält:

77 kcal/322 kJ	6 g Kohlenhydrate
1 g Eiweiß	0 g Ballaststoffe
5,5 g Fett	

Zutaten für 4 Portionen

100 g Mango-Fruchtfleisch

100 ml Ananassaft

100 ml Kokosmilch

100 ml Sahne

2 EL Limettensaft

50 g Wassermelonen-Fruchtfleisch

Zubereitung

Das Mango-Fruchtfleisch mit Ananassaft, Kokosmilch, Sahne und Limettensaft im Mixer oder mit dem Pürierstab fein pürieren.

In Eisförmchen für Stieleis füllen, dabei noch einen Zentimeter Platz lassen und insgesamt 3 Stunden gefrieren lassen.

Nach 1 Stunde die Melone pürieren und zufügen.

Frozen Joghurt

Rezeptfoto: Seite 111

Zubereitungszeit: 5 Minuten
Gefrierzeit: 1 Stunde

Eine Portion enthält:

115 kcal/481 kJ	11 g Kohlenhydrate
5 g Eiweiß	3 g Ballaststoffe
4 g Fett	

Zutaten für 2 Portionen

½ Banane

200 g Joghurt

1 EL Zitronensaft

120 g Himbeeren, TK

Zubereitung

Die Banane in Stücke schneiden und mindestens 1 Stunde einfrieren.

Joghurt, Zitronensaft, die gefrorenen Bananenstücke und die Himbeeren in einem Mixer oder mit dem Pürierstab cremig pürieren. Sofort verzehren.

TIPP

Sie können den Frozen Joghurt auch einfrieren. Dann sollten Sie ihn 10 Minuten vor dem Verzehr aus dem Gefrierschrank nehmen.

Erdbeereis
Rezeptfoto: Seite 113

Zubereitungszeit: 10 Minuten
Gefrierzeit: 3 Stunden

Eine Portion enthält:

52 kcal/218 kJ	4 g Kohlenhydrate
0 g Eiweiß	1 g Ballaststoffe
3 g Fett	

Zutaten für 6 Portionen

400 g Erdbeeren, frisch oder TK

200 ml Mandelmilch

½ TL Vanillemark

1 EL Limettensaft

100 ml Sahne

1 TL Honig

Zubereitung

Tiefkühl-Erdbeeren kurz antauen lassen, bis sie sich schneiden lassen. Frische Erdbeeren waschen und putzen. Sechs Erdbeeren halbieren, die Stücke zur Seite legen. Die restlichen Erdbeeren mit der Mandelmilch, Vanillemark, Limettensaft, Sahne und Honig pürieren.

Zuerst die halbierten Erdbeeren, dann die Eismasse in Eisförmchen für Stieleis füllen und 3 Stunden tiefgefrieren.

TIPP

Eisförmchen bekommen Sie in der Haushaltswarenabteilung, es gibt verschiedene Varianten. Die Masse lässt sich aber auch gut in Silikonförmchen für Muffins gießen und einfrieren.

Schoko-Bananen-Eis

Zubereitungszeit: 10 Minuten
Gefrierzeit: 3 Stunden

Eine Portion enthält:

217 kcal/909 kJ	11 g Kohlenhydrate
2 g Eiweiß	1,5 g Ballaststoffe
18 g Fett	

Zutaten für 4 Portionen

200 ml Sahne

1 Banane

1 EL Honig

1 EL Kakaopulver

1 EL geriebene Zartbitterschokolade

Zubereitung

Die Sahne steif schlagen. Banane mit Honig und Kakaopulver pürieren. Schlagsahne und geriebene Schokolade unterheben. Das Eis mindestens 3 Stunden einfrieren und dabei ab und zu durchrühren.

Meloneneis

Zubereitungszeit: 10 Minuten
Gefrierzeit: 3 Stunden

Eine Portion enthält:

37 kcal/155 kJ	7 g Kohlenhydrate
0 g Eiweiß	0 g Ballaststoffe
0 g Fett	

Zutaten für 4 Portionen

300 g Wassermelonen-Fruchtfleisch

1 TL abgeriebene Zitronenschale

75 ml Johannisbeersaft

Zubereitung

Das Fruchtfleisch der Melone mit der Zitronenschale und dem Johannisbeersaft pürieren und in Eisförmchen füllen. Mindestens 3 Stunden tiefgefrieren.

Apfel-Joghurt-Eis

Zubereitungszeit: 10 Minuten
Gefrierzeit: 3 Stunden

Eine Portion enthält:

165 kcal/691 kJ	12 g Kohlenhydrate
3 g Eiweiß	0 g Ballaststoffe
12 g Fett	

Zutaten für 4 Portionen

200 g Apfelmus

150 g Joghurt

100 g Mascarpone

1 TL Zitronensaft

1 Msp. Zimt

Zubereitung

Alle Zutaten mit dem Mixer oder dem Pürierstab mixen. Die Masse mindestens 3 Stunden tiefgefrieren, dabei ab und zu durchrühren.

GEBÄCK

Hefeschnecken mit Nussfüllung

Rezeptfoto: Seite 117

Zubereitungszeit: 30 Minuten
Gehzeit: 1 Stunde
Backzeit: 20 Minuten

Eine Schnecke enthält:

345 kcal/1444 kJ	35 g Kohlenhydrate
8,5 g Eiweiß	2 g Ballaststoffe
18,5 g Fett	

Zutaten für 12 Schnecken

250 g Mehl Type 550

250 g Weizenvollkornmehl

1 Pck. Trockenhefe

½ TL Salz

250 ml Milch

1 EL Honig

80 g Butter

Für die Füllung

100 g gemahlene Haselnüsse

50 g gehackte Walnüsse

80 ml Sahne

2 EL Honig

1 Ei

½ TL Zimt

Außerdem

4 EL Milch

Zubereitung

Beide Mehlsorten in eine große Schüssel sieben, mit Trockenhefe und Salz vermischen. Die Milch erwärmen, Honig und Butter darin auflösen. Die Milch zum Mehl geben und alles mit den Knethaken eines Mixers oder mit den Händen zu einem glatten Teig verkneten. Den Teig zu einer Kugel formen, mit etwas Mehl bestreuen und mit einem Tuch abgedeckt an einem warmen Ort 50 Minuten gehen lassen.

Für die Füllung die Nüsse in eine Schüssel geben. Die Sahne erwärmen und den Honig darin auflösen. Die Sahne zusammen mit Ei und Zimt unter die Nüsse rühren.

Den Backofen auf 200 °C (Umluft 180 °C) vorheizen. Den Teig zu einer ca. 1 cm dicken rechteckigen Platte ausrollen und mit der Füllung bestreichen. Von der langen Seite her aufrollen und in 2 cm große Scheiben schneiden.

Die Schnecken auf ein mit Backpapier belegtes Blech legen, mit etwas Milch bestreichen und noch mal etwa 10 Minuten gehen lassen. Dann 20 Minuten backen.

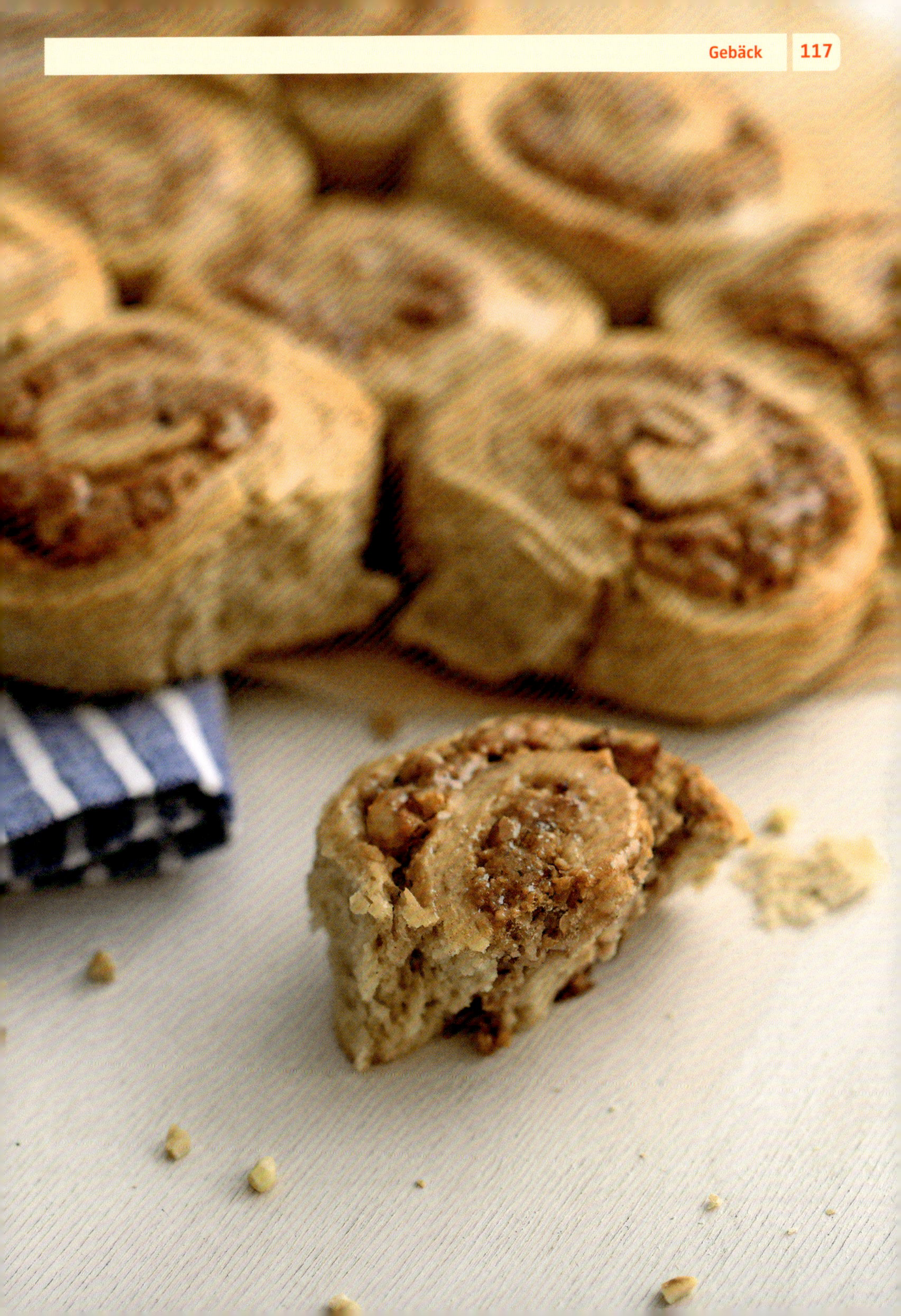

Aprikosen-Thymian-Tarte

Rezeptfoto: Seite 119

Zubereitungszeit: 30 Minuten
Backzeit: 40 Minuten

Ein Stück enthält:

205 kcal/858 kJ	13,5 g Kohlenhydrate
3,5 g Eiweiß	2 g Ballaststoffe
15 g Fett	

Zutaten für 12 Stücke

200 g Blätterteig, TK

200 g Schmand

2 Eier

1 EL Vanillepuddingpulver

5 getrocknete Aprikosen

300 g frische Aprikosen

50 g Cashewkerne

1 EL Butter

1 Pck. Vanillezucker

3 Zweige Thymian

Zubereitung

Die Blätterteigscheiben auftauen lassen. Übereinander legen, auf einer bemehlten Arbeitsfläche auf die Größe der Tarteform (oder einer Springform, 24 cm ø) ausrollen und in die kalt ausgespülte Form legen.

Schmand mit Eiern und Vanillepuddingpulver verrühren. Die getrockneten Aprikosen fein hacken und unterrühren. Die frischen Aprikosen waschen, trocknen, halbieren und die Steine entfernen.

Den Backofen auf 180 °C vorheizen. Die Cashewkerne grob hacken. Die Butter in einer kleinen Pfanne schmelzen, Vanillezucker und Cashewkerne zugeben. Vom Thymian die Blättchen abzupfen und ebenfalls in die Pfanne geben, alles gut verrühren.

Die Schmandmasse auf den Teig streichen, die Aprikosen mit der Schnittfläche nach oben darauf verteilen. Die Tarte mit den gerösteten Cashewkernen bestreuen und 40 Minuten backen.

TIPP

Sie können auch Blätterteig aus dem Kühlregal verwenden. Dieser ist schon fertig ausgerollt, Sie müssen nur noch überstehende Ecken abschneiden.

Kürbiskuchen

Zubereitungszeit: 40 Minuten
Backzeit: 45–50 Minuten

Ein Stück enthält:

282 kcal/1181 kJ	19,5 g Kohlenhydrate
7 g Eiweiß	4 g Ballaststoffe
19 g Fett	

Zutaten für 12 Stücke

400 g Hokkaido-Fruchtfleisch

50 g Rosinen

50 g getrocknete Birnen

3 Eier

150 g weiche Butter

1 EL Honig

180 g Mehl

1 TL Backpulver

1 Prise Salz

150 g gehackte Mandeln

Fett für die Form

Zubereitung

Das Kürbisfruchtfleisch mit der Schale fein reiben. Rosinen und getrocknete Birnen fein hacken.

Die Eier trennen. Das Eiweiß zu steifem Schnee schlagen. Die Butter mit dem Honig in eine Schüssel geben und cremig rühren. Nach und nach die Eigelbe unterrühren.

Den Backofen auf 180 °C (Umluft 165 °C) vorheizen. Das Mehl in eine weitere Schüssel sieben, mit Backpulver, Salz und Mandeln mischen. Nach und nach Kürbis und Mehlmischung unter die Butter rühren. Zuletzt das Eiweiß unterheben.

Eine Springform (26 cm ø) einfetten, den Teig einfüllen und den Kuchen 45–50 Minuten backen.

Birnenstrudel

Zubereitungszeit: 35 Minuten
Ruhezeit: 1 Stunde
Backzeit: 45 Minuten

Ein Stück enthält:

215 kcal/900 kJ   28 g Kohlenhydrate

4 g Eiweiß   5 g Ballaststoffe

8,5 g Fett

Zutaten für 8 Stücke

Für den Strudelteig

100 g Weizenvollkornmehl

1 EL Margarine

1 Prise Salz

Für die Füllung

100 g Backobst

30 g Zwieback

70 g gemahlene Haselnüsse

1 TL Zimt

4 EL Apfelsaft

400 g Birne

Zubereitung

Mehl, Margarine, Salz und 50 ml Wasser gut miteinander verkneten. Den Teig in eine Schüssel geben, mit einem feuchten Handtuch bedecken und an einem warmen Ort 1 Stunde ruhen lassen.

Das Backobst fein würfeln, den Zwieback zerbröseln. Beides mit Haselnüssen, Zimt und Apfelsaft gut verrühren. Die Birnen waschen, entkernen und in feine Scheiben schneiden.

Den Backofen auf 200 °C Ober-/Unterhitze vorheizen (Umluft nicht empfehlenswert). Den Teig auf einer bemehlten Fläche sehr dünn ausrollen. Mit der Früchtemischung belegen und die Birnenscheiben darauf verteilen. Achtung: Rundherum einen breiten Rand frei lassen.

Den Teig an den Seiten einklappen, dann von unten nach oben aufrollen. Die Rolle mit dem Ende nach unten auf ein mit Backpapier belegtes Blech legen. Etwa 45 Minuten backen.

Sesamwaffeln

Zubereitungszeit: 20 Minuten

Eine Waffel enthält:

269 kcal/1126 kJ	22,5 g Kohlenhydrate
7 g Eiweiß	2 g Ballaststoffe
16,5 g Fett	

Zutaten für 6 Waffeln

1 Apfel

1 EL Zitronensaft

60 g weiche Butter

2 EL Honig

2 Eier

120 g Dinkelmehl

½ TL Backpulver

1 TL abgeriebene Zitronenschale

80 g Schmand

2 EL Sesam

Fett für das Waffeleisen

Zubereitung

Den Apfel waschen, grob raspeln und mit Zitronensaft vermischen.

Butter und Honig cremig rühren. Die Eier nach und nach unterrühren. Dinkelmehl mit Backpulver und Zitronenschale vermischen, zusammen mit dem Schmand unter die Buttermasse rühren. Den Sesam unterrühren.

In einem gefetteten Waffeleisen sechs Waffeln ausbacken.

Waffeln mit Ricottacreme und Himbeeren

Rezeptfoto: Seite 123

Zubereitungszeit: 30 Minuten

Eine Portion enthält:

256 kcal/1072 kJ	23,5 g Kohlenhydrate
11 g Eiweiß	3 g Ballaststoffe
12 g Fett	

Zutaten für 6 Portionen

125 g Weizenvollkornmehl

½ TL Backpulver

30 g Honig

2 Eier

75 ml Milch

250 g Ricotta

1 TL Honig

50 g gehackte Mandeln

125 g Himbeeren

Fett für das Waffeleisen

Zubereitung

Das Mehl mit Backpulver, Honig, Eiern und Milch zu einem glatten Teig verrühren. Abgedeckt 10 Minuten ruhen lassen. Inzwischen den Ricotta mit Honig und Mandeln verrühren. Die Himbeeren waschen und verlesen.

Im gefetteten Waffeleisen sechs Waffeln ausbacken. Mit der Creme und den Himbeeren servieren.

Erdbeertarte mit Minze

Rezeptfoto: Seite 125

Zubereitungszeit: 40 Minuten
Kühlzeit: 30 Minuten
Backzeit: 15 Minuten

Ein Stück enthält:

215 kcal/900 kJ	16,5 g Kohlenhydrate
3 g Eiweiß	2 g Ballaststoffe
15 g Fett	

Zutaten für 12 Stücke

Für den Mürbeteig

100 g kalte Butter

180 g Mehl

2 EL Agavensirup

1 Prise Salz

Für den Belag

250 ml Mandelmilch

½ Pck. Vanillepuddingpulver

1 EL Agavensirup

250 ml Sahne

500 g frische Erdbeeren

4 Stiele frische Minze

Zubereitung

Butter, Mehl, Sirup, Salz und 3 EL Wasser schnell zu einem glatten Teig verkneten. In Frischhaltefolie gewickelt 30 Minuten kalt stellen. Den Backofen auf 200 °C (Umluft 180 °C) vorheizen.

Den Teig auf einer bemehlten Arbeitsplatte auf die Größe der Tarteform (oder einer Springform, 24 cm ø) ausrollen und die Form damit auskleiden. Den Teig mehrmals mit einer Gabel einstechen und 15 Minuten backen. Herausnehmen und abkühlen lassen.

Für die Creme von der Mandelmilch 3 EL abnehmen, die restliche Milch zum Kochen bringen. Das Vanillepuddingpulver mit der kalten Milch anrühren und unter Rühren in die kochende Milch geben. Den Pudding mit Agavensirup süßen. Abkühlen lassen, dabei mehrmals umrühren. Die Sahne steif schlagen und unter den kalte Pudding heben. Die Creme auf die Tarte streichen.

Die Erdbeeren waschen, putzen und halbieren. Die Tarte damit belegen und mit Minze garnieren.

Schokoladenkuchen mit Cranberrys

Zubereitungszeit: 20 Minuten
Backzeit: 45 Minuten

Ein Stück enthält:

258 kcal/1080 kJ	19,5 g Kohlenhydrate
6,5 g Eiweiß	3 g Ballaststoffe
16,5 g Fett	

Zutaten für 12 Stücke

150 g weiche Butter

50 g Agavensirup

3 Eier

30 g Kakaopulver

100 g gemahlene Haselnüsse

150 g Mehl

½ Pck. Backpulver

1 Prise Salz

1 Banane

75 g getrocknete Cranberrys

Fett für die Form

Zubereitung

Die Butter mit dem Agavensirup schaumig schlagen. Die Eier nach und nach unterrühren. In einer weiteren Schüssel Kakaopulver, Haselnüsse, gesiebtes Mehl, Backpulver und Salz vermischen und unterrühren.

Den Backofen auf 180 °C vorheizen (Umluft 160 °C). Die Banane in kleine Würfel schneiden und mit den Cranberrys unter den Teig heben. Eine Kastenform einfetten und den Teig hineinfüllen. Den Kuchen 45 Minuten backen.

Castagnaccio – Kastanienkuchen

Zubereitungszeit: 20 Minuten
Backzeit: 30–40 Minuten
Einweichzeit: 30 Minuten

Ein Stück enthält:

198 kcal/829 kJ	21 g Kohlenhydrate
8 g Eiweiß	5 g Ballaststoffe
10 g Fett	

Zutaten für 12 Stücke

50 g Rosinen

2 EL Rum

300 g Kastanienmehl

1 Prise Salz

abgeriebene Schale einer unbehandelten Orange

30 ml Olivenöl

500 ml Mandelmilch

50 g gehackte Haselnüsse

50 g Pinienkerne

1 EL Olivenöl zum Bestreichen

Öl für die Form

Zubereitung

Die Rosinen 30 Minuten in Rum einweichen, dann pürieren.

Kastanienmehl in eine Schüssel geben. Rosinenpaste, Salz, Orangenschale, Olivenöl und Mandelmilch zugeben und zu einem Teig verrühren. Den Backofen auf 200 °C (Umluft 180 °C) vorheizen.

Eine Springform (24 cm ø) mit Öl ausstreichen und den Teig hineingeben. Haselnüsse und Pinienkerne darauf verteilen und etwas festdrücken. Das Ganze mit dem Olivenöl bestreichen und 30–40 Minuten backen.

Mohn-Mandel-Muffins

Zubereitungszeit: 20 Minuten
Quellzeit: 20 Minuten
Backzeit: 25 Minuten

Ein Muffin enthält:

189 kcal/791 kJ	11 g Kohlenhydrate
6,5 g Eiweiß	3 g Ballaststoffe
13 g Fett	

Zutaten für 12 Stück

120 ml Milch

90 g gemahlener Mohn

60 g Butter

90 g Mehl

90 g gemahlene Mandeln

1 TL abgeriebene Orangenschale

Salz

2 Eier

50 g Honig

100 ml Orangensaft

Zubereitung

Die Milch aufkochen, den Mohn einrühren und 20 Minuten quellen lassen. Vom Herd nehmen und abkühlen lassen. Den Backofen auf 180 °C (Umluft 160 °C) vorheizen.

Die Butter zerlassen. Mehl in eine Rührschüssel sieben, Mandeln, Orangenschale und Salz untermischen. Mohnmasse, zerlassene Butter, Eier, Honig und Orangensaft zugeben und alles zu einem glatten Teig verrühren.

Den Teig in zwölf Muffinförmchen füllen und die Muffins 25 Minuten backen.

Möhrentorte
mit Mangocreme

Zubereitungszeit: 40 Minuten
Backzeit: 45–50 Minuten

Ein Stück enthält:

292 kcal/1223 kJ   10 g Kohlenhydrate

8 g Eiweiß   3 g Ballaststoffe

24 g Fett

Zutaten für 12 Stücke

Für den Teig

400 g Möhren

1 Vanilleschote

3 Eier

50 g Honig

200 g gemahlene Haselnüsse

1 Pck. Vanillepuddingpulver

2 EL Mehl

Fett für die Form

Für die Creme

250 g Frischkäse

1 TL geriebene Orangenschale

150 g Mango-Fruchtfleisch

200 ml Sahne

Zubereitung

Die Möhren schälen und fein reiben. Vanilleschote aufschneiden, das Mark herauskratzen und zu den Möhren geben. Den Backofen auf 200 °C (Umluft 175 °C) vorheizen.

Die Eier trennen. Eiweiß zu steifem Schnee schlagen. Das Eigelb mit dem Honig cremig aufschlagen. Haselnüsse mit Vanillepuddingpulver und Mehl vermischen und unter die Eigelbmasse rühren. Die Möhren zugeben und zuletzt den Eischnee unterheben.

Den Teig in eine gefettete Springform füllen und 45–50 Minuten backen. Abkühlen lassen.

Den Frischkäse mit der Orangenschale verrühren. Mango-Fruchtfleisch pürieren und unter den Frischkäse rühren. Sahne steif schlagen und unterheben. Die Torte mit $2/3$ der Creme bestreichen. Die restliche Creme in einen Spritzbeutel füllen und die Torte damit verzieren. Kühl stellen.

Haferflocken-streuselkuchen

Rezeptfoto: Seite 131

Zubereitungszeit: 30 Minuten
Backzeit: 25–30 Minuten

Ein Stück enthält:

209 kcal/875 kJ	27 g Kohlenhydrate
15 g Eiweiß	2 g Ballaststoffe
8 g Fett	

Zutaten für 20 Stücke

Für den Quark-Öl-Teig

200 g Quark

80 ml Öl

100 ml Milch

1 EL Agavensirup

1 Ei

400 g Dinkelmehl

1 Pck. Backpulver

Für den Belag

6 Äpfel

50 g Rosinen

Für die Streusel

70 g Haferflocken

70 g Dinkelmehl

60 g weiche Butter

30 g Agavensirup

½ TL Zimt

Zubereitung

Quark mit Öl, Milch, Agavensirup und Ei verrühren. Das gesiebte Mehl mit Backpulver zugeben und alles mit den Knethaken eines Mixers oder mit den Händen zu einem glatten Teig verkneten. Auf Backpapier in der passenden Größe ausrollen und auf ein Backblech legen.

Den Backofen auf 180 °C (Umluft 160 °C) vorheizen.

Die Äpfel schälen, vierteln, entkernen, in Stücke schneiden und auf dem Teig verteilen. Die Rosinen darüber geben.

Haferflocken, Dinkelmehl, Butter, Agavensirup und Zimt verkneten und zerbröseln. Die Streusel auf dem Kuchen verteilen. 25–30 Minuten backen.

Quarktörtchen mit Früchten

Rezeptfoto: Seite 133

Zubereitungszeit: 45 Minuten
Backzeit: 20 Minuten

Eine Portion enthält:

219 kcal/917 kJ	15,5 g Kohlenhydrate
7 g Eiweiß	1 g Ballaststoffe
14 g Fett	

Zutaten für 12 Stück

Für den Brandteig

1 Prise Salz

60 g Butter

150 g Mehl

4 Eier

Für die Quarkcreme

250 g Quark

1 EL Agavensirup

½ TL Vanillemark

250 ml Sahne

400 g gemischte Früchte

(z. B. Mango, Erdbeeren, Himbeeren, Ananas)

TIPP

Zum Einrühren der Eier können Sie den Teigkloß auch in eine Rührschüssel umfüllen. So kühlt er schneller ab und es lässt sich besser rühren als im Topf.

Zubereitung

250 ml Wasser mit Salz und Butter aufkochen. Den Topf vom Herd nehmen, das Mehl auf einen Schwung hineingeben und mit einem Holzlöffel so lange rühren, bis ein Kloß entsteht. Den Topf wieder auf den Herd stellen und den Teig unter Rühren etwa 1 Minute wieder erhitzen, bis am Topfboden ein weißlicher Belag entsteht. Den Topf vom Herd nehmen, kurz abkühlen lassen und dann nach und nach die Eier einzeln unterrühren.

Den Backofen auf 200 °C Ober-/Unterhitze vorheizen (Umluft nicht empfehlenswert). Mit einem Spritzbeutel zwölf Kreise auf ein mit Backpapier belegtes Blech spritzen und im vorgeheizten Backofen 20 Minuten backen.

Inzwischen für die Füllung den Quark mit Agavensirup und Vanillemark glatt rühren. Die Sahne steif schlagen und unterheben. Die gemischten Früchte waschen, putzen und klein schneiden.

Die Törtchen mit der Creme füllen und mit den Früchten garnieren.

Glückskekse

Zubereitungszeit: 30 Minuten
Backzeit: 15 Minuten

Ein Keks enthält:

108 kcal/451 kJ	6 g Kohlenhydrate
3 g Eiweiß	1 g Ballaststoffe
8 g Fett	

Zutaten für 20 Stück

100 g Dinkelmehl

150 g gemahlene Haselnüsse

2 EL Honig

2 Eier

50 g zerlassene Butter

30 g Kakaopulver

1 Msp. Vanillemark

½ TL Zimt

1 TL lösliches Espressopulver

1 Prise Salz

Zubereitung

Den Backofen auf 180 °C (Umluft 160 °C) vorheizen.

Sämtliche Zutaten in eine Schüssel geben und mit den Knethaken eines Mixers zu einem glatten Teig kneten.

Aus dem Teig 25 Kugeln formen, etwas platt drücken und auf ein mit Backpapier belegtes Backblech legen. Etwa 15 Minuten backen.

Gewürzte Kirschmuffins

Zubereitungszeit: 15 Minuten
Backzeit: 20 Minuten

Eine Portion enthält:

222 kcal/928 kJ	14 g Kohlenhydrate
4,5 g Eiweiß	1,5 g Ballaststoffe
16 g Fett	

Zutaten für 12 Muffins

150 g Sauerkirschen, TK

175g Butter

60 g Honig

3 Eier

150 g Mehl

50 g gemahlene Mandeln

1 TL Natron

½ TL Zimt

je 1 Msp. Piment und Kardamom

1 Prise Salz

Zubereitung

Die Kirschen etwas antauen lassen.

Butter mit Honig cremig aufschlagen. Die Eier einzeln unterrühren. Mehl, Mandeln, Natron und Gewürze vermischen und unterrühren.

In Muffinförmchen füllen und im vorgeheizten Backofen bei 180 °C (Umluft 160 °C) backen.

Bananenbrot mit Walnüssen

Zubereitungszeit: 20 Minuten
Backzeit: 35 Minuten

Eine Portion enthält:

261 kcal/1094 kJ	23,5 g Kohlenhydrate
5 g Eiweiß	2 g Ballaststoffe
16 g Fett	

Zutaten für 1 Kastenform, 12 Stücke

400 g Bananen-Fruchtfleisch (3–4 Stück)

2 EL Zitronensaft

125 g Butter

50 g Agavensirup

2 Eier

1 Prise Salz

220 g Weizenmehl Type 1050

2 TL Backpulver

100 g Walnüsse, grob gehackt

Zubereitung

Das Bananen-Fruchtfleisch in Würfel schneiden und mit dem Zitronensaft mischen.

Die Butter mit dem Agavensirup cremig rühren. Die Eier einzeln unterrühren. Das Salz, Mehl, Backpulver und die Walnüsse mischen und unter die Eiermasse rühren. Zuletzt die Bananen untermischen.

Den Teig in eine gefettete Kastenform füllen und im vorgeheizten Backofen bei 180 °C (Umluft 160 °C) backen.

TIPP

Dieses Rezept ist perfekt, um sehr reife Bananen zu verwerten.

ANHANG

Wichtige Adressen

Ernährungsberater

Hier finden Sie Adressen qualifizierter Ernährungsberater:

www.vdd.de
Verband der Diätassistenten

www.vdoe.de
Verband der Oekotrophologen

www.vfed.de
Verband für Ernährung und Diätetik

Weiterführende Ernährungs-informationen

www.dge.de
Deutsche Gesellschaft für Ernährung

www.aid.de
Infodienst für Ernährung und Verbraucherschutz

www.daab.de
Deutscher Allergie- und Asthmabund

Rezeptregister

Süße Vielfalt statt Verzicht

**Alexandra Hirschfelder
Sabine Offenborn
Lecker ohne . . .
Fruktose**

- Lecker statt leiden: Die richtige Ernährung bei Fruktose-Intoleranz
- Neue, frische Rezepte mit vielen süßen Leckereien
- Alle Rezepte mit dem www.lecker-ohne.de-Prüfsiegel versehen

Auch als eBook erhältlich

144 Seiten, 60 Farbfotos
15,5 x 21,0 cm, Broschur
ISBN 978-3-89993-864-7
€ 19,99 [D] / € 20,60 [A]

Stress reduzieren –
Heißhunger stoppen

Astrid Schobert
**Nie mehr
Stress-Esser**

ASTRID SCHOBERT

Nie mehr
Stress-Esser
Heißhunger zähmen
Einfach schlank werden

schlütersche

- Der erste Ratgeber zu stressbedingtem Übergewicht

- Wege aus der Stressfalle: Typische Stolpersteine beim Abnehmen aus dem Weg räumen

- Viele leckere schnelle Rezepte gegen stressbedingte Fettpölsterchen

- Konkrete Tipps: den Körper in Stresssituationen entlasten und einer Überflutung mit Stresshormonen vorbeugen

**Auch
als eBook
erhältlich**

176 Seiten, ca. 80 Farbfotos
15,5 x 21,0 cm, Broschur
ISBN 978-3-89993-599-8
€ 16,95 [D] / € 17,50 [A]

Weitere Bücher zu Gesundheitsthemen:
www.buecher.schluetersche.de

schlütersche

Vegan –
aber richtig!

Dr. med. Sigrid Steeb
Vegan. Gesund.

- **Alles Wissenswerte zur veganen Ernährung**
- **Ernährungsmedizinische Hintergründe verständlich beschrieben**
- **Leckere Rezepte mit allen Nährwertangaben**

160 Seiten, 40 Farbfotos
15,5 x 21,0 cm, Broschur
ISBN 978-3-89993-863-0
€ 19,99 [D] / € 20,60 [A]

Auch als eBook erhältlich

Stand Januar 2016. Änderungen vorbehalten.

Gesundheit aus dem Mixer

Bibliografische Information der Deutschen Nationalbibliothek
Die Deutsche Nationalbibliothek verzeichnet diese Publikation in der deutschen Nationalbibliografie; detaillierte bibliografische Daten sind im Internet über http://dnb.ddb.de/ abrufbar.

ISBN 978-3-89993-884-5 (Print)
ISBN 978-3-8426-8728-5 (PPUB)
ISBN 978-3-8426-8728-8 (PDF)

Fotos:
Titelfoto und Rezeptfotos: Tobias Franz, Franz und Späth GbR – Büro für Gestaltung, Lübeck, www.fusbfg.de: 1, 2, 3, 4, 52/53, 58, 63, 65, 67, 69, 71, 75, 77, 79, 81, 83, 87, 91, 95, 97, 103, 107, 109, 111, 113, 117, 119, 123, 125, 131, 133
123rf.com: Lilyana Vynogradova: 9; librakv: 24; Cseh Ioan: 68; Isabel Poulin: 72; Mara Zemgaliete: 74; Eva Gruendemann: 100; Elina Manninen: 110; Corinna Gissemann: 115; Elena Elisseeva: 126; Olga Kriger: 134
Fotolia.com: Elena Blokhina: 6/7; knipsit: 17; Torsten Schon: 19, 93; Corinna Gissemann: 22; Mara Zemgaliete: 26; sam richter: 31; StefanieB: 47; bit24: 51; Cogipix: 127
iStockphoto.com: Chris Slapp: 61; Elenathewise: 128
Ingo Wandmacher: 35
Foto Sabine Offenborn: foto Krause, Lübeck
Foto Alexandra Hirschfelder: Theresia Müller, Kelz

© 2016 Schlütersche Verlagsgesellschaft mbH & Co. KG
Hans-Böckler-Allee 7, 30173 Hannover
www.schluetersche.de

Lektorat: Annette Gillich-Beltz, Essen
Layout: Groothuis, Lohfert, Consorten, Hamburg
Covergestaltung: Kerker + Baum Büro für Gestaltung, Hannover
Satz: Die Feder, Konzeption vor dem Druck GmbH, Wetzlar
Druck und Bindung: Grafisches Centrum Cuno GmbH & Co. KG, Calbe